Lee Ezell
FRIEDE FÜR GESTERN

Lee Ezell

Friede für gestern

Eine Geschichte, die das Leben schrieb

Dynamis Verlag · CH-8280 Kreuzlingen

Deutsch von Arnold Sperling
Titel der Originalausgabe „THE MISSING PIECE"

3. Auflage Oktober 1994

ISBN 3-85645-051-3

© Copyright by Harvest House Publishers
© Deutsche Ausgabe 1987 by Dynamis Verlag, 8280 Kreuzlingen (Schweiz)

Umschlaggestaltung: Litera, Wiesbaden
Gesamtherstellung: Schönbach-Druck GmbH, Erzhausen

Printed in Germany

Inhalt

	Seite
Die Suche	7
1. Die große Flucht	15
2. Der „Doris Day-Traum"	25
3. Keine Zuflucht	35
4. Weg von zu Hause	47
5. Meinen Weg finden	61
6. Geborgen in der Liebe	73
7. Das Natürliche und das Übernatürliche	81
8. Der „Prinz" taucht auf	91
9. Gespenster der Vergangenheit	103
10. Das Schweigen ist gebrochen	111
11. Fragen über Fragen	119
12. Heikle Enthüllungen	131
13. Von Angesicht zu Angesicht	139
14. Friede für die Vergangenheit	149

Die Suche

Der Schneesturm nahm im Laufe des Nachmittags immer mehr an Heftigkeit zu, so daß der Briefträger nicht zur gewohnten Zeit vorbeikam. Die winterlichen Landstraßen im Norden Michigans waren von metertiefem Schnee bedeckt. Schon während Tagen wartete eine junge Mutter, die erst vor zwei Jahren die Höhere Schule verlassen hatte, ungeduldig auf einen Brief, von dem sie sich das Ende ihrer Suche erhoffte.

Es war wirklich eine Suche — von einer Nachforschung konnte man nicht sprechen, das klang zu behördlich. Nein, diese Suche sollte systematisch, beharrlich und überlegt vor sich gehen. Sollte sich jemand dadurch bedroht fühlen, würde sie sie abbrechen.

Sie hielt ihre kleine Tochter auf dem Arm und wärmte mit der freien Hand gerade die Babyflasche, als sie beim Briefkasten des Nachbarn endlich den Briefträger auftauchen sah. Julies Puls schlug schneller. „Ob er wohl bei meinem Briefkasten halten wird?" fragte sie sich. „Bitte, lieber Gott, laß doch heute den Brief ankommen. — Noch eine Minute, und dann weiß ich es."

Der Postwagen pflügte durch den Schnee und zog eine Wolke aufgewirbelten Schnees hinter sich her, um dann tatsächlich vor ihrem Briefkasten draußen an der Straße haltzumachen. Mit Stiefeln, einem Anorak und dem Baby auf dem

Arm stapfte Julie mühsam durch den tiefen Schnee. Ihr war dabei allerdings klar, daß der Halt des Briefträgers bei ihrem Briefkasten durchaus nicht bedeuten mußte, daß Alma geantwortet hatte.

Sie holte eine Handvoll Post aus dem Briefkasten hervor und sortierte sie auf der Stelle, während der pulverige Schnee sie und ihr Baby wie mit einem leichten Schleier überzog. „Da ist er — vom Hilfsverein für Adoptierte! Danke, lieber Gott!"

Wieder im Hause, setzte sie sich an den Küchentisch und öffnete den Briefumschlag, fingerte die vier darin enthaltenen Blätter heraus und begann zu lesen: „Wir freuen uns, von Ihnen zu hören. Unser Mitarbeiterstab setzt sich durchwegs aus bewährten Freiwilligen zusammen, die schon erfolgreiche Suchaktionen hinter sich haben. Wir sind uns alle bewußt, welchen bedeutsamen Schritt Sie mit dem Beginn Ihrer Suche getan haben. Wir verstehen Ihre Gefühle und Ihren Wunsch, die Wahrheit über Ihre Herkunft herauszufinden."

Als sie zu lesen anfing, mußte sie unwillkürlich an ihre Familie denken, in der sie aufgezogen worden war. Sie dachte an ihre eigentlichen Eltern und überlegte, was wohl das Ergebnis dieser Suche sein würde. Sie erinnerte sich daran, wie sie als siebenjähriges Mädchen erfuhr, daß sie „anders" sei — eine Spielgefährtin hatte ihr erzählt, sie wäre ein Adoptivkind. Der spöttische Ton, mit welcher ihr diese Eröffnung gemacht worden war, ließ sie spüren, daß das Wort „Adoptivkind" nicht zu den schönsten zählte.

Während der nachfolgenden Kindheitsjahre sagten ihre Eltern Julie so manches Mal in liebevollen Augenblicken, daß sie etwas Besonderes wäre, nämlich die Erfüllung eines Herzenswunsches, denn gerade auf sie wäre ihre Wahl gefallen. Dennoch kannten sie keine Bevorzugung, weder ihr noch den eigenen Kindern gegenüber. Hieß Adoption denn wirklich, daß sie anders war? Und wenn ja, auf welche Weise?

Das Bild, wie sie weinend ins Haus zu ihrer Mutter rannte und wissen wollte, was „Adoptivkind" bedeutete, stand ihr so lebendig vor Augen, als wäre es gestern gewesen. Ihre Mutter hatte sie dann auf den Schoß genommen und ihr liebevoll erklärt, sie wäre ein ganz besonderes Mädchen, ein auserwähltes Mädchen — dessen brauchte sie sich wirklich nicht zu schämen! Dann wollte sie von ihrer Mutter wissen, weshalb ihre andere Mutter sie denn weggegeben hatte. „Weil man dich liebgehabt hat", hatte ihre Mutter ihr erklärt. Aber in diesem Alter war das schwer zu verstehen.

Und man hatte sie wirklich liebgehabt. Keine leiblichen Eltern hätten ihr mehr Liebe erweisen können als ihre Adoptiveltern. Eine solche gesunde, von Liebe und gegenseitiger Achtung geprägte Familienatmosphäre war das Beste, was einem Kinde widerfahren konnte. Zu Julies Kindheitserinnerungen gehörten ein liebevolles Elternpaar, zwei ältere Brüder, die sie sowohl foppten wie auch beschützten; es gehörten viele Zeltwanderungen wie auch verschiedenste Aktivitäten in der Kirchgemeinde dazu. Ihre Eltern erfüllten ihr so manchen ihrer Wünsche, sogar den nach einem eigenen Pferd. Für Julie bestand kein Zweifel, daß dies ihre Familie war, genau die richtige Familie für sie.

An diesem Winternachmittag drohte Julies Aufregung einen Kurzschluß in ihrer Konzentration hervorzurufen. Doch das durfte nicht sein. Sie wollte auf keinen Fall den für ihr Leben so wichtigen Menschen wehtun — ihren Eltern, ihren beiden Brüdern, ihren Verwandten und ihren Freunden. Sie mußte einfach alles in Ruhe durchdenken. Welche Wirkung würde ihre Suche auf diese lieben Menschen ausüben? Würden sie Verständnis haben für ihren wachsenden Wunsch, ihre leibliche Herkunft ausfindig zu machen? Ob ihre Familie wohl verstehen könnte, wie wichtig das für sie war? Oder würde sie sich durch ihr Vorgehen zurückgesetzt fühlen?

Aber Julies natürliche Neugier in bezug auf ihren biologischen Stammbaum ließ sich nicht unterdrücken; er würde sowieso immer wieder an die Oberfläche drängen. Sie fragte sich, welche von ihren Charaktereigenschaften wohl der Natur und welche der Erziehung zu verdanken wären. Fragen, die ihre leibliche Mutter betrafen, beschäftigten sie: „Lebt sie wohl noch? Habe ich sie jemals gesehen? Wenn ja, müßte das in Kalifornien gewesen sein, bevor ich von dort wegzog. Sehe ich ihr ähnlich? Ist sie musikalisch wie ich?"

„Warum hat sie mich weggegeben? Waren meine Eltern verheiratet? Ging meine Mutter noch zur Schule, und wollte sie sie erst fertig machen? War sie nicht dazu imstande, mir ein Zuhause zu geben? Hat sie je an meinem Geburtstag an mich gedacht? Habe ich noch Brüder und Schwestern? Wieviel an mir ist Vererbung? Niemand als meine leibliche Mutter kann mir Antwort auf diese Fragen geben." Obgleich Julie mit dieser Ungewißheit über ihre Vergangenheit und ihre Identität zu leben hatte, kam sie sich trotzdem nicht wie ein Mensch zweiter Klasse vor. Aber das bewahrte sie nicht vor dem Gefühl, mit einer Hand das eine Auge zu bedecken, wenn sie auf ihre Vergangenheit zurückblickte.

Doch die Antwort auf all ihre Fragen war nicht der einzige Grund für Julies Nachforschungen. „Es gibt Dinge, die ich meiner leiblichen Mutter sagen möchte, zum Beispiel: Mutter, es geht mir gut. Alles ist in Ordnung. Ich weiß, es brauchte Mut für dich, mich wegzugeben. Und diese Entscheidung war richtig. Du hast mir zu großartigen Eltern verholfen."

Nach ihrer Heirat war ihre Wißbegier in bezug auf ihre leibliche Herkunft immer stärker geworden. Sie wollte nicht, daß es in der Lebensgeschichte ihrer Kinder eine Lücke gab. Und die Geburt einer Tochter mit rotem Haar ließ neue Fragen in ihr aufsteigen. Woher stammte das rote Haar ihres eigenen Kindes — von ihrer leiblichen Mutter? Würde sie einige medizinische Tatsachen erfahren, die eines Tages ihr Leben oder das ihrer Tochter retten könnten?

Julie machte sich noch immer Gedanken über die Reaktion ihrer Adoptivfamilie, der sie so viel zu verdanken hatte. Auf ihre stille, bescheidene Weise hatte sie ihr christliche Werte vermittelt, sie vorbehaltlos geliebt und ihr ein Familienleben geboten, das die beste Vorbereitung auf ihr zukünftiges Leben als erwachsener Mensch darstellte. Die Erinnerung daran lockte ein Lächeln auf Julies Gesicht hervor. Auf manchen Gebieten ihres Lebens eiferte sie stark dem Vorbild ihrer Mutter nach. Sie war sogar als Sonntagsschullehrerin aktiv, genau wie ihre Mutter, als Julie noch klein war.

Das Geräusch ihres aus dem Schlafe erwachenden Babys ließ sie den Brief auf die Seite legen. Der Rest des Nachmittags war ausgefüllt mit den üblichen Haushaltspflichten — sie besorgte das Baby und bereitete alles für ihren Mann vor, der jeden Augenblick von der Arbeit heimkommen mußte.

Als sie die Scheinwerfer seines Autos auf der schneebedeckten Straße heranleuchten sah, wäre sie am liebsten hinausgelaufen, um ihm sogleich vom eingetroffenen Brief zu erzählen. Aber sie wußte, Bob war müde und hatte es nicht gern, nach der Arbeit mit solchen Dingen bombardiert zu werden, bevor er überhaupt im Hause war. Sie blieb also in der Küche und bereitete das Abendessen vor. Als Bob das Baby aus dem Laufgitter auf seinen Arm gehoben hatte, trat er zu Julie in die Küche und gab seiner Frau einen Begrüßungskuß. Julie legte den Kochlöffel hin, umfaßte ihren Mann an der Hüfte, liebkoste ihr Kleines und berichtete ihm von der Neuigkeit.

„Bob, ich habe vom Hilfsverein für Adoptierte die erwartete Post erhalten. Möchtest du sie sehen?"

„Ach, die Sache habe ich ganz vergessen."

„Vergessen!"

„Ich habe dich geheiratet wegen dir selbst und nicht wegen deinen Vorfahren. Natürlich erinnere ich mich, daß du dich deswegen vor einiger Zeit an diese Stelle gewendet hast."

Julie ging hinüber zum Küchenschrank, wo sie die Post abgelegt hatte, und reichte sie zusammen mit ihren Adoptionspapieren Bob, der am Küchentisch saß und mit dem Kind spielte. Julie breitete die Unterlagen auf dem Tisch aus und erklärte sie ihrem Mann, während das Baby zu ihren Füßen spielte.

„Das hier sollte uns einen guten Start geben", meinte Bob. Dabei fiel sein Blick auf einige mit Bleistift schräg auf den Rand geschriebene Schriftzeichen, die offensichtlich nicht zum offiziellen Bericht gehörten. „Vielleicht ist das die Vorwahlzahl einer alten Telefonnummer. Bei den alten Nummern standen vor den Zahlen ja immer erst Buchstaben."

Julie zeigte sich verunsichert und sagte: „Bob, ich bin mir gar nicht mehr so sicher, daß ich mit den Nachforschungen anfangen möchte. Was ist, wenn ich Dinge herausfinde, die ich wirklich nicht wissen will? Und was ist, wenn der Kontakt mit meiner leiblichen Mutter nur schlechte Erinnerungen und Schuldgefühle in ihr hervorruft? Ich will doch nicht ihr Leben ruinieren oder Unruhe in ihre Familie bringen. Andererseits könnte es auch sein, daß ich nicht den Vorstellungen meiner Mutter entspreche und sie mich überhaupt nicht sehen will und mich ablehnt?"

„Das ist natürlich das Risiko, das du eingehst", erwiderte Bob. „Aber du mußt sie ja auch nicht unbedingt sehen. Du kannst doch die Sache mit großer Zurückhaltung angehen, ohne ihr Leben durcheinanderzubringen. Es würde sicher genügen, von der Adoptionsbehörde einen Namen und einen ärztlichen Rapport zu bekommen. Wer weiß, vielleicht lebt sie gar nicht mehr."

„Das ist ein Punkt, über den ich mir Gedanken machen will", überlegte Julie mit hörbarer Stimme. Und damit legte sie die Papiere zurück in den Küchenschrank und fuhr fort, das Abendessen zu bereiten.

Während der folgenden Monate stieß Julie gelegentlich auf einen Zeitungsartikel, auf ein Buch oder auf ein Fernsehinterview und erfuhr aus ihnen, wie andere Adoptierte bei ihren Nachforschungen vorgingen. Zusammen mit ihrem Mann betete sie um göttliche Führung, und mit der Zeit wichen die Zweifel und Bedenken wegen eventueller Risiken neuer Zuversicht und neuem Mut zum Handeln. Sie telefonierte, schrieb Briefe und bemühte sich, von Rechtsanwälten und von ihrer Geburtsklinik Informationen über sich selbst zu erhalten.

Sie empfand auch immer mehr einen starken inneren Drang, ihrer leiblichen Mutter von dem zu erzählen, was die treibende Kraft ihres Lebens darstellte, wobei sie sich fragte, wie sie das wohl einer Person gegenüber zum Ausdruck bringen könnte, der sie nie begegnet war und an der ihr doch gelegen war. Auf keinen Fall wollte sie, falls sie ihre natürliche Mutter ausfindig machen sollte, diese durch ihre Worte oder durch ihr Verhalten wieder verlieren. Und ebensowenig wollte sie ihre Adoptivmutter verlieren.

Wegen dieses Risikos entbrannte ein regelrechter Kampf in ihr. Aber sie überwand ihre Befürchtungen mit dem Gedanken: „Wahre Liebe ist bereit, Verlust und Zurückweisung zu riskieren." Das ließ sie schließlich wieder mit größerer Entschlossenheit ihre Suche fortsetzen.

Im Dezember 1985, beinahe ein Jahr nach Erhalt der Unterlagen vom Hilfsverein für Adoptierte, arbeitete sich Julie noch einmal durch sie hindurch. Dabei stieß sie wieder auf die alte Telefonnummer. Und jetzt war für sie der Augenblick gekommen. Mit verstärkter Zuversicht, wenn auch etwas nervös, griff Julie nach dem Hörer und stellte die zwanzigjährige Nummer ein.

1. Kapitel

Die große Flucht

Ein ganz gewöhnlicher Überland-Bus übte für mich die Funktion eines Fliegenden Teppichs aus, der mich in ein neues Leben brachte. Ich ließ den Wind über mein Gesicht streichen, der durch das leicht geöffnete Fenster hereinwehte, während ich die vorbeigleitenden grünen Weiden und Kornfelder betrachtete. Neben mir lehnte meine Mutter in ihrem Sitz und versuchte, etwas Schlaf zu finden. Auf den Sitzen gegenüber kicherten Kay und Sue, während sie sich mit einem billigen Plastikspielzeug vergnügten, das sie beim letzten Bushalt gekauft hatten.

Ich kam mir wie eine Gefangene vor, die der Ketten ihrer Gefangenschaft ledig geworden war und jetzt die ersten Augenblicke der Freiheit kostete. Siebzehn Jahre lang hatte ich die Tyrannei meines Vaters ertragen. Doch nun, im Juni 1962, konnte ich endlich mein Leben selber in die Hand nehmen. Obwohl wir erst dreißig Stunden unterwegs waren, kam mir Philadelphia, das wir hinter uns gelassen hatten, wie eine andere Welt vor.

Ich dachte an den trübseligen Regen, der auf unserem Weg zur Busstation gefallen war und durch den hindurch wir in ein paar Tragtaschen unsere bescheidene Habe geschleppt hatten. Sie spiegelten unser Leben in einem trostlosen Viertel der Innenstadt von Philadelphia wider.

Wir hatten dort in einem winzigen Reihenhaus gewohnt,

das den Eltern meiner Mutter gehörte und wo sie auch geboren und aufgewachsen war. Unsere Nachbarschaft bildete ein bunter Mischmasch von Einwanderern der zweiten Generation — Italiener, Iren, Deutsche und Polen, jeder scheinbar darauf aus, die anderen zu übertönen in dem Kampf ums Überleben, den wir alle gemein hatten.

Mein Vater hatte mir einmal erzählt, sein größter Wunsch wäre es, einen Sohn zu haben. Nach fünf Anläufen sah er die Ergebnislosigkeit seines Bemühens ein und gab auf. Jede der fünf Kinney-Töchter erhielt einen Dreibuchstaben-Namen: Zoe, Ann, Lee, Kay und Sue. Bei uns zu Hause war jedes Familienglied auf sich selber angewiesen und konnte tun und lassen, was ihm beliebte. Wenn es uns gelang, auf eigenen Beinen zu stehen — um so besser. Aber wir mußten nicht auf die Hilfe unserer Eltern oder jemandes andern zählen.

Mit vierzehn mußte ich jeden Tag nach der Schule mit kleineren Arbeiten etwas Geld verdienen, um die Lebenshaltungskosten zu Hause mitzubestreiten. Meinen ersten Job fand ich in einer Gemischtwarenhandlung nebenan. Hauptsächlich mußte ich Wachstuch zurechtschneiden, das von Rollen an der Wand herabhing. Dafür bekam ich 25 kostbare Cents in der Stunde. Dem Druck daheim versuchte ich durch Musik und Theater zu entkommen. In der Schule hatte ich im Orchester wie auch in einem Streichquartett Geige gespielt. Dazu hatte ich in verschiedenen Chören mitgesungen und auch die Hauptrolle in mehreren Musikkomödien gespielt. Oft war ich Gast in Tanzlokalen, wo ich mein Elend zusammen mit anderen „Stammkunden" wegzutanzen versuchte.

Jetzt, nachdem ich die Oberschule hinter mir hatte, würde ich mich sehr umzustellen haben. Meine beiden älteren Schwestern Zoe und Ann hatten sich verheiratet und waren nach San Franzisco und Cincinnati entkommen. Und jetzt war der Rest von uns unterwegs in Richtung Westen, um Zoe nach Kalifornien zu folgen. Immer wieder kamen mir Zweifel, ob wir das Richtige taten. Hätten wir meinen Vater wirklich auf die Weise verlassen dürfen, wie wir es taten? Würde ich jetzt diejenige sein, die für das Durchkommen der Familie verantwortlich war? Ob sich meine im Osten der Staaten aufgewachsene Mutter wohl dem Leben in Kalifornien anpassen konnte? Natürlich gab es nun kein Zurück mehr, aber ich fragte mich doch, ob wir unseren Schritt nicht bereuen würden.

Nein! Etwas Schlimmeres als das, was wir hinter uns gelassen hatten, konnte es gar nicht geben. Wenn meines Vaters Toben vor sechs Wochen ein Einzelfall gewesen wäre, hätte ich ihm vielleicht vergeben können. Tagsüber arbeitete er als Maler, und abends zog er sich in einen Kellerraum zurück, der mit pornographischen Bildern tapeziert war. Dort in der Abgeschlossenheit jenes dumpfen Kellers pflegte er sich so zu betrinken, daß er alles vergaß. Nach Stunden, wenn er alle Hemmungen weggetrunken und sich seine Zunge gelöst hatte, tauchte er wieder aus dem Keller auf, mit einem dämonischen Ausdruck auf seinem Gesicht. Es war wie in einem Horrorfilm, wenn er dann wie ein Wilder herumtobte und jedes Familienglied schlug, das in seine Nähe kam. Und wer dagegen einschreiten wollte, bekam als nächster seine Schläge ab. Seine Wutanfälle endeten dann damit, daß er auf meine Mutter losging, die die meisten Schläge erduldete.

Die alkoholischen Auswüchse meines Vaters ließen uns alle zu Versteckkünstlern werden. Meine Verstecke waren unter dem Bett und hinter einem Vorhang in der Nähe des Eßtisches. Doch nicht immer gelang es jedem, dem Vater zu entkommen. Eines Abends tauchte mein Vater aus dem Keller mit einer neunschwänzigen Katze in der Hand auf, einer Peitsche, die er aus einem Besenstiel und aus einem Gurt, den er in Lederstreifen geschnitten hatte, angefertigt hatte. Die Schläge, die er uns damit versetzte, fürchteten wir am meisten, und es war für meine Schwestern und für mich nichts Ungewöhnliches, wenn wir mit Striemen, die wir von dieser Peitsche vom Vorabend davontrugen, in die Schule gingen. Bei drei Gelegenheiten war die Gewalttätigkeit derart, daß ich der Polizei telefonierte. Bedauerlicherweise verabscheuten die Polizisten häusliche Gewalttätigkeiten, die in unserer Nachbarschaft an der Tagesordnung waren, nicht im gleichen Maße wie ich und schauten nur bei einer Gelegenheit herein. Es war nach meinem letzten vergeblichen Anruf bei der Polizei, sechs Wochen vor meinem Schulabschluß, daß ich wirklich genug hatte. Als der Vater endlich von meiner Mutter abließ, rief ich meiner Mutter zu: „Ich verschwinde von hier!"

Ein paar Tage später hatte ich sie wissen lassen, daß es mir ernst war.

„Sobald ich mit der Oberschule fertig bin, gehe ich weg."
„Und wohin willst du gehen?" hatte sie mich angefahren.
„Vielleicht gehe ich zu Zoe nach Kalifornien. Am liebsten hätte ich, wenn du, Kay und Sue mitkommen würdet. Warum sollen die Mädchen weiter so leiden? Keine von ihnen hat das verdient, und du ebensowenig."

„Ich kann nicht weggehen. Was würde der Vater ohne mich machen? Und dann habe ich auch hier mein ganzes Leben verbracht."

„Mutter, wir *müssen* weggehen! Eines Tages bringt er dich noch um." Doch sie hatte sich nur abgewandt, nicht imstande, der furchtbaren Wirklichkeit in's Auge zu sehen. So hatte ich denn mit meinen Schwestern gesprochen und Vorbereitungen für unser Weggehen getroffen. Zoe hatte uns versprochen, uns bei der Suche nach einer Wohnung und nach Arbeit zu helfen. Ein Möbelhändler kam und kaufte uns unsere alten, abgenutzten Möbel ab. Mutter mußte meinem Vater die Nachricht von unserem beabsichtigten Weggang mitgeteilt haben, und irgendwie brachte sie es fertig, das einzige Zuhause, das sie je gekannt hatte, auszuräumen.

„Lee, schau! Der Mississippi-Fluß!" Kays begeisterter Schrei unterbrach meine Gedanken. Für Kay und Sue bedeutete dies alles ein Abenteuer. Sie waren zu jung, um sich für das Durchbringen der Familie mitverantwortlich zu fühlen. Sollte unser Vorhaben scheitern, traf die Schuld mich, denn ich hatte alles in die Wege geleitet. Sie dagegen waren unbelastet und konnten sich darüber freuen, in Wirklichkeit zu sehen, was sie in den Geographiestunden auf der Schule gelernt hatten. Bereits lagen Harrisburg, Cleveland, Toledo und Chicago hinter uns. In Kürze würden wir auf dem Weg zu den Rocky Mountains die Great Plains durchqueren.

Ein paar Augenblicke später fuhren wir in eine weitere Stadt hinein. Meine Mutter rührte sich, als der Busfahrer herunterschaltete. Als sie draußen das Schild mit der Aufschrift „Busdepot" sah, griff sie nach ihrer Handtasche und stand auf, um die Beine zu bewegen. Wir stiegen aus, und sie gab jedem von uns etwas Kleingeld, als wir den Warteraum betraten. Mit dem Geld konnte man einiges anfangen — ein Foto von sich machen lassen, etwas zum Essen kaufen, das Telefon benutzen. Die Mädchen eilten davon, um mit ihrem Geld Bonbons zu kaufen, während Mutter und ich ziellos umherschlenderten.

Einige der Bänke waren von schlafenden Gammlern belegt. Daneben standen oder lagen leere Flaschen billigen Weins am Boden herum. Ein alter Mann in einem zerknitterten Regenmantel entdeckte uns und sagte: „'tschuldigung, Madam, können Sie mir etwas für einen Kaffee geben?" Mutter ging weiter, ohne sich um ihn zu kümmern; ich hingegen blieb stehen; denn sein unrasiertes Gesicht erinnerte mich an meinen Vater. Würde wohl auch er auf der Straße landen und Geld betteln? Ich langte rasch in die Tasche, holte eine Münze hervor und ließ sie in seine Hand fallen. Ich würde diesmal schon auf eine Süßigkeit verzichten können.

Kurz darauf bestiegen wir wieder unseren Bus. „Mutter, hast du Vater gesagt, wo wir hingehen?" fragte ich sie, während wir unsere Plätze einnahmen.

„Ja", antwortete sie, ohne mich anzusehen.

„Was wird er jetzt machen?"

„Ich weiß nicht", entgegnete sie, während sie sich in ihren Sitz zurücklehnte und die Augen schloß. An der Weise, wie sie ihre Tränen zu verbergen suchte, merkte ich, daß sie nicht darüber reden konnte. Obgleich sie wußte, daß dies das

Beste für sie und ihre Töchter war, schämte sie sich, zuzugeben, daß ihre Ehe ein Fehlschlag war. Sie befand sich in einem schlimmen Dilemma: Sie war gefühlsmäßig abhängig von ihrem Mann, und doch konnte sie unmöglich mit ihm zusammenleben. Ihre Qual bestärkte mich in meinem Entschluß, nie so „schwach" zu sein.

Meine eigene Bitterkeit nahm ab, je weiter wir uns von Philadelphia entfernten. Während der Bus auf die Autobahn zurückkehrte, machte ich mir Gedanken über die Hoffnungslosigkeit des Bettlers, dem ich Geld gegeben hatte. Er war wie mein Vater — ein Opfer. Wie viele andere Leute in unserer Nachbarschaft, war mein Vater mit seinem Los unzufrieden und sah doch keinen Ausweg. Die Träume, die er gehabt haben mochte, waren schon in jungen Jahren zerronnen. Seine Hoffnungen auf günstigere Gelegenheiten waren zerschlagen. Sein aufgestauter Ärger veränderte allmählich seine Persönlichkeit, und die Auswirkungen des Alkohols verstärkten diese Veränderung noch. Mein Verständnis für die Situation änderte jedoch nichts an der Tatsache, daß ich ein Zusammenleben mit ihm nicht mehr ertrug. Hingegen motivierte es mich zum Beten.

Ich betete viel auf unserer langen Reise quer durch den Kontinent, besonders wenn mich Sorgen beschleichen wollten. Das war der einzige Weg, um mit der Ungewißheit fertigzuwerden. Unsere Absicht war, bei Zoe zu wohnen, bis wir eine eigene Wohnung gefunden hatten. Beide, Mutter und ich, würden arbeiten müssen. Sie war ausgebildete Sekretärin, und ich hatte auf der Schule Kurse für Maschinenschreiben und Kurzschrift genommen. „Herr, hilf uns, Arbeit zu finden", betete ich. Und wieder verspürte ich die Zuversicht, daß Gott mich gehört hatte.

Es war nicht immer so gewesen. Das Wenige, was mir an religiösem Einfluß vermittelt worden war, hatte ich in einer alten Kirche in gotischem Stil in mir aufgenommen. Während des Gottesdienstes fiel häufig das Sonnenlicht durch die bunten Glasfenster und erweckte in mir heilige Gefühle. Eine

Gänsehaut überzog mich oft. Etwas Geheimnisvolles schien die ganze Zeremonie zu umgeben. Dies war Gottes Haus, in welchem er — wie ich annahm — auf unsichtbare Weise zusammen mit seinem Sohn und dem Heiligen Geist (der, der mir die Gänsehaut verursachte, wie ich meinte) wohnen sollte.

Jetzt mußte ich darüber lächeln, was für primitive Vorstellungen von Gott ich damals hatte — Vorstellungen, die ich mir zum Teil selber gemacht und zum Teil, und ohne zu fragen, von anderen übernommen hatte. Ich glaubte, wenn ich nur ein wenig mehr Gutes als Schlechtes tat, dann würde ich das Fegefeuer umgehen, die Hölle vermeiden und direkt in den Himmel kommen können. Aber wie sollte ich wissen, wie es mit dieser Rechnung stand und ob meine guten Taten die schlechten aufwogen? Obwohl ich bestimmte Lebensregeln für mich aufstellte, existierte eine Kluft zwischen Glaube und Praxis. Abgesehen von der einen wöchentlichen Stunde in „Gottes Haus" hatte ich überhaupt keine Beziehung zu Gott.

Obgleich ich es damals nicht verstand, war Gott dabei, seinen Plan mit meinem Leben zu verfolgen. Das war jedenfalls auch damals so, als an einem bestimmten Abend meine beiden Freundinnen und ich die vierte Person für ein Kartenspiel, das wir gerne zu spielen pflegten, nicht auftreiben konnten. So hatten wir uns entschlossen, statt dessen zur Abwechslung und mehr zum Spaß eine Evangelisationsversammlung im Konferenzzentrum zu besuchen. Der Prediger war ein Mann, von dem ich noch nie gehört hatte — Billy Graham.

Ich konnte mich sehr deutlich an diesen Abend erinnern. Billy Grahams Botschaft traf mich unvorbereitet — sie war so einfach. Er erklärte, daß die Bibel uns Gott nicht als einen himmlischen Polizisten oder als einen ungnädigen Richter darstellt, sondern als einen liebevollen Vater, der die Welt so geliebt hat, daß er seinen einzigen Sohn für uns dahingab. Wer immer an Jesus Christus, den Sohn Gottes, der um unserer Sünde willen starb und auferstand, glaubt, der würde das ewige Leben haben.

Ich erkannte, daß ich unmöglich genügend Gutes tun konnte, um mich für den Himmel zu qualifizieren. Gott machte mir klar, daß das nur diejenigen konnten, die Jesus Christus annahmen. Alle anderen waren Sünder, die durch ihre unvergebene Sünde von Gott getrennt blieben. Es war eine Schwarz-weiß-Situation. Eines stand fest: Ich war nicht „in" Christus. Darum war ich ein Sünder. Als Sünde galten bei mir Stehlen oder ähnliche schlechten Dinge. Doch jetzt wurde mir bewußt, daß Sünde darin bestand, Gottes Angebot in Christus abzulehnen. Die Bibel sagt, daß jeder gesündigt hat. Sie sagt aber ebenso, daß jeder, der Christus annimmt, Vergebung empfängt und von Gott als gerechtgesprochen angesehen wird, egal wieviel er gesündigt haben mag.

An jenem Abend gab ich Gott mein Leben. Zusammen mit Hunderten von Menschen ging ich nach vorn. Eine Seelsorgehelferin sprach mir Mut zu, während ich betete und Jesus Christus als meinen Erlöser annahm. „Lieber Gott, danke, daß Du Deinen Sohn Jesus Christus geschickt hast, um am Kreuz zu sterben und für meine Sündenschuld zu bezahlen. Ich glaube jetzt an Dich und nehme Dich als meinen Herrn und Heiland an. In Jesu Namen, amen!" Es war so einfach und dennoch bis tief in die Seele dringend. Zusammen lasen wir ein paar Bibelstellen, und dann notierte sie meinen Namen und meine Adresse, damit man mir einen Bibelfernkurs schicken konnte.

Ich wußte, dies war für mich der Beginn eines neuen Lebens.

Während ich mit der U-Bahn nach Hause fuhr, mußte ich immer wieder an den Bibelvers denken, den mir die Seelsorgehelferin vorgelesen hatte. Darin hieß es, daß ich jetzt ein neues Geschöpf war, daß das Alte vergangen und daß etwas Neues geworden war. Irgendwie versuchte ich, mir das in der Praxis zu Hause vorzustellen. Die Dinge sollten anders werden. Vater würde ein anderer Mensch und wir alle zusammen würden eine glückliche Familie werden. Diese Fantasievorstellung dauerte an, bis ich zu Hause anlangte und die Türe öffnen wollte. Gleichzeitig wollte auch mein Vater nach draußen, und ich konnte mich nur mit viel Mühe an ihm vorbeischieben ins Innere des Hauses. Ich konnte mich noch an meine Enttäuschung erinnern und daß ich dachte: „Moment mal, lieber Gott. Damit habe ich nicht gerechnet. Das sieht ja gar nicht nach etwas Neuem aus."

Aber mein *Leben* war neu geworden; denn zum erstenmal redete ich mit Gott auf eine ganz reale Weise. Jetzt besaß ich eine Beziehung zu Gott und nicht nur eine Religion. Ich brauchte nicht mehr auf den nächsten Gottesdienst zu warten, um zu beten. Ich konnte mit ihm reden, wenn ich in der U-Bahn war oder in der Schule, oder wenn ich abends auf meinem Bett lag. Gott veränderte zwar nicht meine äußeren Umstände, dafür wirkte er in meinem Inneren Veränderungen. Ich fühlte mich nicht länger einsam.

Ich sprach viel mit Gott auf unserer vier Tage dauernden Reise. Während wir Sacramento hinter uns ließen und die letzte Strecke bis zu unserer neuen Heimat in Angriff nahmen, bewunderte ich die weiten, offenen Flächen und den warmen Sonnenschein, der mir wie eine Verheißung eines neuen Lebens ohne allen Schmerz vorkam. „Herr, wir fangen neu an. Ich weiß, Du wirst dafür sorgen, daß alles klappen wird. Danke, daß Du uns von Philadelphia weggebracht hast."

Wir spürten die Hitze im Tal von Sacramento, und darum waren die Busfenster geöffnet. Ich warf einen Blick hinüber zu Mutter und sagte lächelnd: „Es wird hier großartig sein!" Sie sagte nichts, wischte aber mit einem Taschentuch über ihr Gesicht. Da bemerkte ich, daß es nicht nur der Hitzeschweiß war. Tränen standen in ihren Augen. „Mutter, warum weinst du?"

Sie schüttelte den Kopf. „Ich weiß nicht, warum ich mich von dir zum Fortgehen habe überreden lassen. Hier gibt es nichts als Palmen und Surfbretter und eine Menge Leute mit verrückten Ideen."

Ihre falschen Vorstellungen von Kalifornien ignorierend, erinnerte ich sie: „Aber stell dir vor, keine kalten Winter. Keine schwere Winterkleidung und kein Schneeschaufeln mehr!"

„Lee, du stellst alles so schön dar. Du verstehst nicht."

Sie hatte recht — ich verstand nicht. Und wenn sie sich nicht anpaßte, so war es sicher meine Schuld. Ich versuchte, ihr zuzureden. „Du wirst glücklich hier sein. Du wirst noch froh sein, daß wir hierher gezogen sind."

Wir schwiegen, während der Bus San Franzisko entgegenbrauste. Wir erhaschten einen ersten Blick auf die Golden Gate-Brücke. Für mich war sie wie ein Symbol dafür, daß dies ein Land voller Gelegenheiten war. Hier würde uns niemand schlagen. Wir würden Geld verdienen und ein angenehmes Leben führen. Hier würde ich den Mann meiner Träume finden, und meine traurige Kindheit würde in Vergessenheit geraten.

Als wir in die Busstation einfuhren, entdeckte ich Zoe, die uns schon erwartete. Beim Anblick ihrer ältesten Tochter schien Mutter wieder aufzuleben. Wenige Augenblicke später lagen wir uns in den Armen, und ich mußte denken: „Lee, du hast es geschafft. In ein paar Wochen bin ich achtzehn! Wie paßt das doch alles so gut zusammen. Sicher, du wirst dich umgewöhnen müssen, aber es gibt nichts, was du nicht schaffst."

2. Kapitel

Der Doris Day-Traum

„In fünf Minuten ist Mittagspause!" erinnerte uns Barb und motivierte mich dadurch zu einer letzten Arbeitsanstrengung vor der Pause. Fünf Monate waren seit unserer Ankunft in San Franzisco vergangen. Ich hatte meinen ersten wirklichen Job gefunden — als Sekretärin bei einem kleinen Segelboot-Fabrikanten. Der verantwortungsvolle Posten verlieh mir ein Gefühl von Wichtigkeit und Erwachsensein.

Zoe hatte uns vier die ersten Wochen freundlich bei sich aufgenommen, bis wir uns etwas eingelebt hatten. Als Mutter und ich dann eine Stelle gefunden hatten, bezogen wir eine kleine Zwei-Zimmer-Wohnung ein paar Häuserblocks von meiner Schwester und ihrer Familie entfernt. Doch zu meiner Enttäuschung stellte ich fest, daß wir wohl der Wut unseres trunksüchtigen Vaters entronnen waren, aber daß meine Schwestern und ich nicht im Frieden miteinander lebten. Es gab häufige Wortgefechte mit Mutter, und es war mir peinlich, als ich merkte, daß solche Auseinandersetzungen etwas Ungewohntes für unsere neue Umgebung waren. Wohl hatten wir unsere Umgebung gewechselt, aber die Umgebung hatte bei uns nichts verändert.

Glücklicherweise bot sich mir die Möglichkeit, immer wieder der engen Wohnung zu entfliehen. Ich hatte mich der USO, einer Soldatenfürsorge-Organisation, angeschlossen und half tatkräftig mit, Partys, Shows und Tanzlässe für die

Soldaten auf den Militärbasen rings um die Bucht von San Franzisco zu organisieren. Das bot mir die Gelegenheit, meine kreative Kraft für eine gute Sache einzusetzen, das heißt besonders meine Liebe zum Theater und zur Musik. Und außerdem traf man dabei viele nette, junge Männer. Ich war nicht besonders darauf aus, eine ernsthafte Bekanntschaft zu schließen; doch die Begegnung mit Männern aus dem ganzen Land ließ meinen früheren Zynismus gegenüber Männern immer mehr verschwinden. Ich war entschlossen, eine fröhliche, gesellige, unterhaltsame Frau zu sein, der es gefiel, im Mittelpunkt der Party zu stehen. Ich war bereit, ohne die Belastung der Vergangenheit und mit Vertrauen den Menschen zu begegnen, die meinen Weg kreuzten.

„Mittagspause!" sagte Barb. Ich schaltete rasch meine Schreibmaschine ab, griff nach meiner Verpflegungstasche und eilte zusammen mit Barb in den kleinen Konferenzraum, der uns auch als Kaffeestube für unsere Zwischenmahlzeiten diente. Barb — oder Barbara, wie sie eigentlich hieß — war Mitte zwanzig und geschieden und arbeitete seit fast zwei Jahren bei der Firma. Die dritte Sekretärin war Jean, eine ältere verheiratete Frau. Sie war gerade am Telefon und winkte uns, daß sie in ein paar Minuten folgen würde.

„Was für ein geschäftiger Vormittag!" meinte Barb, während sie sich eine Tasse Kaffee einschenkte und sich hinsetzte. „Ja, wirklich. Da ist noch der große Auftrag, den wir erledigen müssen, und ich muß auch noch die Briefe vom Chef fertig tippen."

Jean trat ein und verkündete: „Schlechte Nachricht. Wir müssen heute abend Überstunden machen."

„Oh nein, nicht schon wieder!" stöhnte Barb. Unsere kleine Firma führte einen nicht leichten Existenzkampf und beschäftigte lediglich zwanzig Angestellte. So hatte jeder von uns verschiedene Aufgaben gleichzeitig wahrzunehmen.

„Es handelt sich um diesen großen Auftrag", erläuterte Jean. „Sie liefern heute abend die Boote aus, und wir müssen die Papiere fertig machen."

„Nun, wenigstens ist heute nicht Freitag", erwiderte ich lachend.

„Und was ist mit Freitag?" wollte Barb wissen. „Hast du eine große Verabredung?"

„Ich helfe mit, einen USO-Tanz drüben in Oakland zu organisieren."

„Großartig! Kannst du nicht gerade jemand für mich besorgen?"

„Was für einen Typ möchtest du denn?" erkundigte ich mich belustigt, spielten wir doch ein weiteres Mal eines unserer „Rendezvous-Spiele" während unserer Mittagspause.

Während Jean still ihre Mahlzeit zu sich nahm, träumte Barb laut vor sich hin: „Oh, er sollte einsachtzig groß sein. Kräftig. Gebräunt. Und ich habe nichts dagegen, wenn er wie Burt Lancaster aussieht."

„Ich will sehen, was sich machen läßt", erwiderte ich lachend.

Jean meinte, sie fände es prima, daß ich meine Zeit in die USO investierte. „Du könntest doch eine Menge anderer Dinge mit deiner Zeit anfangen."

„Es gefällt mir", sagte ich. „Ich habe Hochachtung vor diesen Männern, die bereit sind, für unser Land zu kämpfen. Viele von ihnen haben Heimweh. Manche von ihnen wünschten, sie hätten sich nie als Freiwillige gemeldet. Andere wieder vermissen ihre Freundinnen daheim. Sie brauchen einfach jemand, der ihnen zuhört und Zeit für sie hat."

„Gebrauchst du dabei auch deine verschiedenen Akzente?"

„Si, letzte Woche habe ich sie mit meinem spanischen Akzent belustigt." Dann fügte ich mit tieferer Stimme noch schnell ein Muster mit schwerem schwedischen Einschlag hinzu. Barb lachte über meinen schnellen Wechsel der Akzente. Das Studium von Sprachen und ethnischer Dialekte war schon immer mein Hobby gewesen. Dann wollte Barb wissen: „Hast du einen festen Freund?"

„Nein, ich versuche neutral zu bleiben und tanze mit ihnen allen."

„Bist du schon mal mit irgendeinem der Jungen ein wenig auf die Seite gegangen — du weißt schon ...?" wollte sie weiter wissen und hob dabei voller Andeutung die Augenbrauen. Ich verstand, was sie meinte.

„Nein, Barb; ich bin nicht diese Sorte von Mädchen. Ich hebe mich für die Ehe auf."

„Du verpaßt etwas", meinte Barb daraufhin und schüttelte den Kopf.

„Ich habe diese Idee schon vor Jahren aufgegeben."

„Nun, ich aber nicht. Ich bin noch Jungfrau und gedenke es auch zu bleiben, bis ich heirate."

„Gut für dich", ließ sich Jean vernehmen. „Ich wünschte, ich hätte deine Entschlossenheit gehabt, als ich in deinem Alter war. Leider haben die meisten Männer nur die eine Sache im Kopf."

Ich wußte, was sie meinte, und mußte wieder an die Illustriertenfotos denken, die die Kellerwände bei meinem Vater schmückten. Von diesen Nacktaufnahmen und den zweideutigen Witzen, die mein Vater in seinem Freundeskreis zum besten zu geben pflegte, hatte ich schon im Unschuldsalter gelernt, daß viele Männer eine Frau in erster Linie als Sexobjekt betrachteten. Dennoch hoffte ich, daß mich einmal ein Mann als geistreiche, intelligente ... und gutaussehende Frau betrachten würde.

Ich erzählte den beiden Frauen von der Zeit, als ich zu meiner Mutter gesagt hatte: „Ich bin mir nicht schlüssig, was besser ist: Schönheit oder Verstand." Mutter hatte damals darauf etwas spöttisch erwidert: „Vergiß nie, Schatz, es ist besser, Schönheit zu haben, weil Männer klarer *sehen* als *denken* können."

Jean und Barb lachten zusammen mit mir, nicht zuletzt deshalb, weil ich den schweren Akzent von Philadelphia, den meine Mutter sprach, imitierte.

„Immerhin, deine Mutter hat teilweise recht", sagte Jean.

„Aber da draußen gibt es auch ein paar gute Burschen. Bleib du nur bei deinem Vorsatz und warte. Der Richtige wird schon bald genug auftauchen."

„Ich weiß. Eines Tages wird mein Prinz auf einem Roß dahergeritten kommen. Ich hoffe nur, ich muß nicht hinter seinem Roß her putzen!" Und mit diesem Scherz kehrten wir lachend an die Arbeit zurück. Ich erzählte ihnen nichts von meinem eigentlichen Traum — daß ich einmal wie Doris Day (eine berühmte Schauspielerin) sein wollte. Sie war immer so nett und freundlich in ihren Filmen, und nie widerfuhr ihr etwas Schlechtes.

Wenn Hollywood eine solche „Und-lebten-glücklich-viele-Jahre"-Botschaft darstellen konnte, dann lag das ganz sicher auch für mich im Bereich des Möglichen, besonders wenn ich von ganzem Herzen daran glaubte.

Auf dem Hof neben den Büros lagen die bestellten Segelboote bereit, und am späten Nachmittag am gleichen Tag begannen zwei Männer damit, die Boote auf einen Lastwagen zu laden. Der ältere von beiden war Jack, einer unserer Außenvertreter, den wir nur gelegentlich im Büro zu sehen bekamen. Er hatte vorher hereingeschaut und wollte sich die Papiere ansehen, bevor mit dem Aufladen begonnen wurde. Er war ein ziemlich ungebildeter, eher grober Mensch. Sein Gesicht fiel durch seine fettige Stirn und einen ungepflegten Bart auf. Zudem war er offensichtlich übergewichtig.

Es war beinahe sieben Uhr, als das letzte Boot aufgeladen war. Jean, Barb und ich machten gerade die Bootspapiere fertig, als die beiden Männer das Büro betraten. Ohne aufzublicken, sagte ich: „Sind wir froh, daß wir es gleich geschafft haben! In einer halben Stunde zeigt das Fernsehen einen guten, alten Cary Grant-Film. Diese alten Filme gefallen mir einfach."

„Das hört sich wirklich wie eine gute Entspannungsmöglichkeit an", sagte da Jack. „Warum packt ihr nicht eine Pizza ein und kommt alle zu mir nach Hause, und dann schauen wir uns den Film gemeinsam an."

Ich zuckte mit den Schultern und meinte: „Warum eigentlich nicht?" Zusammen mit Bekannten einen Film anschauen, war auf jeden Fall besser, als nach Hause zu gehen, wo es doch nur eng war und wieder zu einer Auseinandersetzung kommen konnte.

Zu Barb und Jean gewandt, sagte Jack:,,Ihr zwei kennt ja den Weg. Wollt ihr nicht die Pizza besorgen? Und du, Lee, du kannst mir mit deinem Wagen folgen."

Ein paar Minuten später folgte ich Jack langsam durch eine Gegend mit alten Fabrikgebäuden. Wir bogen mehrmals nach rechts und nach links, und allmählich bekam ich das Gefühl, als nähme die Fahrt kein Ende. Dann fuhren wir durch einen mehrspurigen Torweg und gelangten zu einem verlotterten Wohnwagenplatz, der von verfallenen Häusern umsäumt war.

Jack lenkte seinen Wagen zu einem gleichermaßen vom Alter gezeichneten Mobilhome und stellte ihn unter einem flachen Vordach ab, das sich so tief herabsenkte, daß es beinahe das Wagendach streifte. ,,Das ist wahrscheinlich, was er seine Garage nennt", dachte ich sarkastisch. ,,Genau so stelle ich mir das Haus vor, in dem Jack wohnen würde." Das Mobilhome sah wirklich nicht mehr ansehnlich aus. Die Farbe blätterte von seiner Aluminiumhaut ab wie Blütenblätter. Der ,,Rasen" vor dem Eingang war nichts anderes als festgetretener Dreck. ,,Nun, macht nichts", murmelte ich vor mich hin, während ich hinter Jack parkierte. ,,Mir sind solche verkommenen Plätze ja nichts Unbekanntes."

Ich stieg aus und folgte Jack zwei hölzerne Stufen hinauf und durch die Vordertür. Innen angekommen, kämpfte Jack mit der klemmenden Tür, bis sie endlich schloß. Dann schaltete er das Fernsehgerät ein und wollte wissen, auf welchem Kanal der Film gezeigt wurde.

Erschöpft und entspannungsbedürftig ließ ich mich in einen abgenutzten Sessel fallen (auch alles andere Mobiliar sah ebenso abgenutzt aus). Nachdem Jack den Apparat richtig eingestellt hatte, drehte er sich um, fixierte mich mit seinen Augen und kam auf mich zu. ,,Ich bin froh, daß meine Kolleginnen in ein paar Augenblicken hier sein werden", dachte ich.

Jack blieb vor mir stehen, beugte sich dann über mich, riß mich aus dem Sitz und küßte mich auf den Hals. Das geschah so plötzlich und unerwartet, daß ich einen Augenblick brauchte, bis ich seine Absicht erkannte.

„Nein!" schrie ich und versuchte, ihn von mir wegzustoßen.

„Nein! Nein! Nein!" schrie ich mehrmals, so laut ich konnte.

Obwohl ich wußte, was eine Vergewaltigung war, war ich selber noch nie sexuell belästigt worden. Ich war gegenüber der rauhen Wirklichkeit in der Welt so naiv, daß ich mich sogar bei meinen Abwehrversuchen in einem Teil meines Gehirns fragte, warum dieser ungepflegte, unattraktive Mann mittleren Alters so etwas tat. Was hatte ich getan, das ihn dazu hätte ermutigen können? Und wo blieben die anderen? Hätten sie nicht schon hier sein sollen?

„Hören Sie auf, mir das anzutun!" schrie ich, während Jack mich auf eine Couch niederrang. Sein Überfall ließ in mir schreckliche Erinnerungen an jene Tage auferstehen, wo mich mein betrunkener Vater ohne jeglichen Grund geschlagen hatte. Wieder verspürte ich das Gefühl völliger Ohnmacht. Meine Protestschreie wurden zu Schreien hilfloser Verzweiflung, während Jack mir die Unterwäsche vom Leibe riß. Trotz meiner Angst- und Schmerzensschreie hörte ich Jack voller Verachtung murmeln: „Oh nein, eine Jungfrau!" In einer Ecke meines gepeinigten Verstandes fragte ich mich, wie er fortfahren konnte, meinem Körper und meiner Seele Gewalt anzutun, wenn es ihm gleichzeitig doch nicht Befriedigung verschaffte.

Es war schnell vorüber. Der Gewalttäter fiel zu Boden, erschöpft und anscheinend meiner nicht mehr bewußt. Angst und Wut ließen mein Herz rasend schlagen. Der physische Kampf sowie die seelische Qual — war es verwunderlich, daß mein Körper wie in Schweiß gebadet war? Ich raffte mich mühsam auf die Beine, zog mein Kleid herunter, ergriff meine Schuhe und meine Handtasche und rannte zur Tür.

Die Angst, er könnte versuchen, mich aufzuhalten, verlieh mir zusätzliche Kraft, die klemmende Tür zu öffnen. Ich lief über den hartgetretenen Dreck und rannte zu meinem Auto. Ohne einen Blick zurück ließ ich den Motor an und fuhr so schnell wie möglich aus dem Wohnwagenpark hinaus.

Ich verlangsamte das Tempo erst, als ich in die Nähe unserer Wohnung kam. Dann überwältigte mich das, was passiert war, mit ganzer Wucht. Ich lenkte den Wagen in eine Seitenstraße, hielt unter einem Baum und begann hysterisch zu schluchzen. Schuldgefühle stiegen in mir auf, und ich warf mir vor: „Welch ein Idiot bist du doch! Warum bist du überhaupt alleine zu ihm gegangen? Du hast es ja geradezu herausgefordert. Du hättest es besser wissen sollen!"

Während ich mein Gesicht in den Händen vergrub und über dem Lenkrad meinem Schluchzen freien Lauf ließ, glich mein Kopf einem Gedankendschungel. Ich war wütend darüber, daß mir meine sexuelle Unberührtheit so brutal geraubt worden war. Während all der Jahre mit männlichen Bekanntschaften hatte ich standhaft durchgehalten ... und nur für so etwas? Ich war beraubt worden an Leib und Seele.

Ich rutschte so tief wie möglich in den Fahrersitz meines Autos in der Hoffnung, die Dunkelheit werde mich vor den Blicken der fernsehschauenden Familien in den umliegenden Häusern verbergen. Angst lähmte mich, und eine ganze Stunde lang verharrte ich in dieser erstarrten Haltung. Was würde ich tun, wenn Jack wieder im Büro auftauchte? Wie sollte ich jemandem davon sagen können? Ich hatte Angst, daß sich dieser robuste Mensch deswegen an mir rächen könnte.

Doch mit wem sollte ich überhaupt darüber sprechen? Wer würde mir schon Glauben schenken? Die Leute würden ganz sicher denken, ich hätte ihn verführt. Und ganz abgesehen davon wäre schon allein das eine Demütigung, zu wissen, daß andere davon erfuhren.

Natürlich könnte ich mich an die Polizei wenden, aber was war mit meiner Mutter? Sie würde nie damit einverstanden sein. Außerdem war ich gerade achtzehn geworden, und irgendwo hatte ich gehört, daß man keinen Prozeß wegen Vergewaltigung anstrengen könne, sobald man als Mädchen achtzehn geworden war. Was hatte es also für einen Sinn, Anzeige bei der Polizei zu erstatten?

„So etwas kann mir doch nicht passieren!" mußte ich immer wieder denken. „Es kann einfach nicht wahr sein! Es ist doch nur ein schlechter Traum!"

„Steh es durch, Lee", redete ich mir selber zu und versuchte, Ordnung in meine Gedanken zu bringen. „Du hast schließlich schon Schlimmeres mitgemacht. Du wirst darüber hinwegkommen. Laß nur niemand davon wissen."

Doch — einem konnte ich es anvertrauen. Ich konnte mit Gott darüber reden. „Warum?" schrie ich laut in der Abgeschlossenheit meines Wagens. „Warum ich? Wo warst *Du*, als dies passierte? Warum hast Du mich nicht gewarnt? Habe ich nicht schon genug durchgemacht? Bestrafst Du mich für irgend etwas? Bist Du ein Sadist, der Gefallen daran findet, kleine Leute wie mich zu erledigen? Ich hatte wirklich gemeint, alles würde anders werden mit Jesus in meinem Leben!"

Mein Gefühlsausbruch schien mir ein wenig Erleichterung zu verschaffen. Ich mußte versuchen, all diese quälenden Fragen in mein Unterbewußtsein zurückzudrängen. „Raff dich auf", sagte ich zu mir selbst. „Geh nach Hause. Du wirst vergessen, daß dies überhaupt geschehen ist." Ich beschloß, dieser Überfall auf mich sollte ein Geheimnis bleiben, das ich in mein Grab mitnehmen würde.

Mit diesen Überlegungen startete ich das Auto und machte mich auf den Heimweg. Unterwegs wurde mir jedoch bewußt, daß eine tiefe Bresche in mein Leben geschlagen worden war, auch wenn es mir gelänge, dieses Geheimnis vor der Welt zu verbergen. Mein Doris Day-Traum war für immer dahin. Ein Teil von mir war auf brutale Weise aus meinem Leben herausgerissen worden, und nichts würde ihn ersetzen können.

3. Kapitel

Keine Zuflucht

Niemand nahm Notiz von mir, als ich die Wohnungstür öffnete. Meine Mutter und Geschwister saßen im verdunkelten Wohnzimmer vor dem Fernsehapparat. Rasch huschte ich durch den Korridor in das Schlafzimmer, das ich mit meiner dreizehnjährigen Schwester Kay teilte. Ich griff nach dem Hausrock, verschwand ins Badezimmer und schloß mich darin ein. Ich empfand ein starkes Bedürfnis, meinen Körper von Schuld und Beschmutzung zu reinigen. Als ich mich meiner Kleider entledigte, hätte ich sie am liebsten weggeworfen; denn sie würden mich doch immer wieder an diese schreckliche Nacht erinnern. Aber ich wußte, daß ich keine Erklärung für ihr Verschwinden würde abgeben können.

Ich stellte mich unter die Dusche und empfand das herabströmende warme Wasser als eine Wohltat für meinen schmerzenden Körper. Doch die verletzten Gefühle einer zerbrochenen Seele vermochte das Wasser nicht wegzuspülen. Für einige Augenblicke durch das Rauschen der Dusche geschützt, ließ ich meinen Tränen freien Lauf. Es kam mir vor, als strömte mit dem Wasser auch die Jugend meines Lebens davon.

Ich fühlte mich einsam, schuldig, beschmutzt und voller Furcht. Schon lange hatte ich nicht mehr so sehr das hilflose Gefühl empfunden, unter der physischen Beherrschung eines Mannes zu stehen. Heftiger Unmut begann in mir zu gären wie in einem grollenden Vulkan. „Keuschheit sollte für eine Frau kein Luxus sein!" dachte ich. Wie sehnte ich mich danach, liebevolle Arme um mich herum zu verspüren und mich in ihnen auszuweinen! Ich brauchte einen Menschen, der mich tröstete, jemand, der verstand und Mitgefühl hatte.

Während ich meinen beschmutzten Körper abwusch, entwich ein unkontrollierbares Schluchzen meinem Inneren und schien Bestandteil des reinigenden Wassers zu werden. Als ich mich fertig gewaschen hatte, blieb ich noch eine Weile unter der warmen Dusche. Um etwaigen Fragen meiner Mutter und meiner Schwestern aus dem Wege zu gehen, zwang ich mich schließlich dazu, das Wasser abzustellen. Als ich mich abtrocknen wollte, schien mir das Badetuch fast zu schwer, um es aufzuheben und mich darin einzuhüllen. Jede normalerweise mühelose Bewegung erforderte all meine Konzentration und Kraft. Nachdem ich mich abgetrocknet hatte, schlüpfte ich in meinen Hausrock, schlich auf mein Zimmer und ließ mich ins Bett fallen. Die Bettdecke formte sich zu einer Hülle, die mich von der Welt isolierte. Vor meinen aufgewühlten Gefühlen allerdings vermochte sie mich nicht abzuschirmen.

Ich tat, als schliefe ich, als schließlich auch Kay zu Bett ging. Den größten Teil der Nacht wälzte ich mich unruhig hin und her, indem ich die Schrecken des Vorfalles immer wieder aufs neue durchlebte. Wie gerne wäre ich allem entflohen! Doch an eine Flucht war nicht zu denken. „Warum gerade ich, o Gott?" schrie ich innerlich wieder und wieder — diesmal weniger aus Wut als aus dem Verlangen heraus, eine Erklärung zu finden für das gähnende Loch, das in meinem Leben aufgerissen worden war.

Wie sollte ich jemals wieder einem Menschen trauen können? Vielleicht mußte ich eine Lektion lernen und einsehen, daß ich praktisch keinem trauen konnte. Ich hatte die Dinge zu leicht genommen. Deswegen schämte ich mich nun und kam mir töricht vor. Nie hätte ich mit zu Jacks Mobilhome gehen sollen. Ich kannte ihn ja nicht einmal und war nachträglich schockiert, als ich erkannte, wie ahnungslos ich gewesen war. „Es ist höchste Zeit, daß du aufhörst, so naiv zu sein!" schalt ich mich. „Paß' auf, wo du hingehst. Verschaffe dir Klarheit über die Motive der Leute. Meine doch nicht, jeder sei dein Bruder oder deine Schwester."

Diese Selbstaufmunterung könnte eine weitere Tragödie vermeiden helfen, aber den momentanen Schaden konnte sie nicht wiedergutmachen. Es gab keine andere Zuflucht als bei Gott. Eine andere Möglichkeit bestand nicht. Irgendwie mußte er mir Antwort auf meine Fragen geben. Ich wollte nicht immer durchs Leben gehen und den Motiven der Menschen mißtrauen. Aber ebensowenig konnte ich den Gedanken ertragen, weiteren sinnlosen Schmerz zu ertragen. Auf meinem Nachttisch lag die letzte Lektion meines Bibelfernkurses von Billy Graham. Jedesmal wenn ich eine neue Lektion durchgearbeitet und die Aufgaben eingeschickt hatte, verspürte ich ein gutes Gefühl. Die Bibel vermittelte mir viel bessere praktische Grundsätze als die Lektüre irgendwelcher Bücher über Psychologie. Auf sie konnte ich mich stützen. Aus ihren Worten schöpfte ich Kraft. Der Bibelfernkurs umfaßte grundlegende biblische Prinzipien, die leicht verständlich und anwendbar waren in meinem Leben. Wenn ich eine Lektion durchgenommen hatte, schickte ich jeweils die Aufgabenlösungen zur Korrektur ein, und nach einiger Zeit kamen sie zurück, versehen mit ein paar aufmunternden Worten und einer neuen Lektion. Während ich in einen leichten Schlummer hinüberdämmerte, nahm ich mir vor, die nächste Lektion am folgenden Abend nach der Arbeit zu machen.

Am folgenden Morgen schien sich nichts in der Wohnung verändert zu haben. Als ich zur Arbeit fuhr und einen Halt einschaltete, um einen Kaffee zu trinken, wunderte ich mich, daß die Menschen um mich herum von dem Vorfall und von meinen verzweifelten Gefühlen nichts merkten. Die Erde drehte sich, als wäre nichts geschehen. Im Büro verhielten sich Barb wie auch Jean so, als erinnerten sie sich überhaupt nicht an die Unterhaltung vom Vorabend bei Arbeitsschluß. Ich fragte mich, ob sie mir wohl etwas ansehen konnten... Machte ich den Eindruck einer Vergewaltigten? Spiegelte sich auf meinem Gesicht etwas von der Turbulenz der vergangenen Nacht wider? Nahmen sie irgendwelche Signale dessen wahr, was mir widerfahren war und daß ich nicht mehr dieselbe war?

Gegen Mittag hielt ich es nicht länger aus. Ich bemühte mich, möglichst unbefangen zu erscheinen, als ich fragte: „He! Wo seid ihr gestern abend denn geblieben? Ich dachte, ihr wolltet die Pizza besorgen und dann auch zu Jack kommen."

„Es war schon spät", sagte Jean, „und ich mußte nach Hause. Ich meinte, du wärest gegangen, Barb." — „Ich hatte keine Lust", entgegnete diese. „Und ich war auch müde."

Sie erkundigten sich nicht, was ich getan hatte, und als Barb das Thema wechselte, wurde mir plötzlich klar, daß sie Jack überhaupt nichts versprochen hatten. Ich hatte offensichtlich angenommen, daß sie nachkommen würden. Sie hingegen hatten geglaubt, jeder wäre frei zu tun, was ihr gefiel. Jedenfalls hatte sie Jacks Einladung nicht besonders interessiert. Mehr konnte ich mit ihnen nicht darüber reden, ohne mein Problem preiszugeben. Ich mußte diesen bizarren Vorfall, der nie hätte vorkommen dürfen, begraben.

Die eine verbleibende Sorge für mich war, was ich tun sollte, wenn Jack wieder in das Büro kam. Er war an diesem Morgen schon frühzeitig mit einer Ladung Segelboote losgefahren und würde kaum vor zwei Monaten wieder auftauchen. Aber wenn ich ihn dann wieder sah, was sollte ich zu ihm sagen? „Ich werde ihn einfach ignorieren", beschloß ich schließlich. „Wenn ich ihn überhaupt nicht beachte, wird die Sache vorbei sein." Ich mußte mich dazu zwingen, wieder zu meiner normalen Arbeit zurückzukehren.

Irgendwie überstand ich diesen Arbeitstag, an dem meine Gedanken zwischen Realität und Alptraum hin und her gependelt hatten. Meine Gefühlswelt war dermaßen aufgewühlt, daß es mir in dieser Verfassung äußerst schwerfiel, meiner Mutter und meinen Geschwistern gegenüberzutreten. Ich mußte wieder mehr Kontrolle über mein Leben erlangen. Einmal beim Abendessen ließ meine Mutter die Bemerkung fallen, ich sei ungewöhnlich still. „Ich fühle mich nicht gut", murmelte ich. „Ich glaube, ich werde früh ins Bett gehen." Zum Glück waren die anderen so von ihren eigenen kleinen Dingen absorbiert, daß sie mir weiter keine Aufmerksamkeit schenkten.

Sobald der Tisch abgeräumt war, zog ich mich auf mein Zimmer zurück und nahm mir den Bibelfernkurs der Billy Graham-Evangelisationsgesellschaft vor. Vor meiner Erfahrung während des Evangelisationsfeldzuges hatte ich die Bibel lediglich für ein verstaubtes, altes Buch gehalten, das als Dekorationsgegenstand in der Kirche diente. Doch durch die Beschäftigung mit diesen Lektionen in den vergangenen Monaten war mir bewußt geworden, daß die Bibel voll von Wahrheiten war, die richtungsweisend für mein Leben waren. Jetzt war sie meine einzige Hoffnung. Diese Lektionen hatten mir immer eine Hilfe bedeutet, und so vertiefte ich mich eifrig darin.

Das dieser neuen Lektion vorangestellte Bibelwort erweckte sofort meine Aufmerksamkeit.

Habe deine Lust am Herrn;
der wird dir geben,
was dein Herz wünscht.
Befiehl dem Herrn deine Wege
und hoffe auf ihn,
er wird's wohl machen.
(Psalm 34,4-5)

„Befiehl dem Herrn deine Wege" — dieses Wort besonders traf mich. Ich mußte diese meine Erfahrung Gott anbefehlen.

Es mußte bald der Moment kommen, wo ich diese schreckliche Erfahrung endgültig dem Herrn anbefahl. Ich konnte es unmöglich mit einer fatalistischen Haltung bewenden lassen. Und ebensowenig konnte ich einfach in Selbstmitleid schwelgen. Ich mußte etwas Positives tun: es in Gottes Hände befehlen. Dieser Bibelvers verhieß, daß er sich meiner Sache annehmen und alles wohl machen werde.

Die meisten im Bibelkurs angeführten Bibelstellen standen im Neuen Testament. Besonderes Gefallen fand ich an den Geschichten von Jesus und an seinen Gleichnissen. Die Briefe des Neuen Testamentes waren schon etwas schwerer zu verstehen. An diesem Abend stammten zwei der Bibelstellen aus dem 2. Korintherbrief von Paulus. Meine Gedanken kreisten immer wieder um das „Warum gerade ich, o Gott?", bis ich las, was der Apostel Paulus alles durchgemacht hatte. Ich konnte beim Lesen nichts anderes als weinen, und mit den Tränen kam auch Gottes Trost in mein Herz. „Fünfmal habe ich von den Juden die neununddreißig Schläge bekommen. Dreimal wurde ich ausgepeitscht, einmal bin ich gesteinigt worden. Ich habe drei Schiffbrüche erlebt; das eine Mal trieb ich eine Nacht und einen Tag auf dem Meer" (2. Kor. 11,24-25). Und noch von anderen Gefahren, denen er begegnet war, berichtet Paulus. Es war ganz offensichtlich, daß er bei all seiner Gottesfurcht nicht von Problemen verschont geblieben war.

Die klare Antwort auf mein Fragen: „Warum gerade ich, o Gott?" lautete: „Warum denn *nicht* du, Lee? Warum solltest gerade du verschont bleiben?" Warum sollte überhaupt jemand verschont bleiben? Paulus hatte alle möglichen Schwierigkeiten gehabt, aber er konnte schreiben: „Obwohl ich von allen Seiten bedrängt bin, werde ich nicht erdrückt. Obwohl ich oft nicht mehr weiter weiß, verliere ich nicht den Mut. Ich werde verfolgt, aber Gott verläßt mich nicht. Ich werde niedergeworfen, aber ich komme wieder auf" (2. Kor. 4,8-9).

Beim Weiterlesen wurde mir klar, daß Paulus ins Gefängnis geworfen worden war und alle möglichen Ungerechtigkeiten erduldet und dennoch überlebt hatte. Wer war denn schon ich, zu meinen, ich würde eine Sonderbehandlung bekommen? Ich begann mir zu überlegen, daß Gott — wenn auch in beschränktem Maße — mir den gleichen Geist geben könnte wie Paulus. Vielleicht konnte er sogar die gähnende Leere in mir ausfüllen, die mir soviel Schmerz bereitete.

Unter solchen Überlegungen faßte ich Mut, meine Situation Gott anzubefehlen. Jedesmal wenn in den folgenden Tagen die schrecklichen Erinnerungen wieder auftauchten, tat ich es aufs neue. „Herr, hilf mir, diesen Schmerz zu ertragen", lautete mein einfaches Gebet, und oft war dies das einzige, was mir half, nicht den Verstand zu verlieren.

Während die Tage vergingen und mein Schmerz und meine Verwirrung etwas nachließen, bemerkte ich, daß sich in mir ein wachsendes Mißtrauen allen Menschen gegenüber auszubreiten begann. Schon früher hatte ich mich immer etwas zurückgehalten, engere Beziehungen zu knüpfen; doch jetzt hielt ich mich noch mehr zurück. Ich war weiter aktiv in der Soldatenfürsorge, machte aber keine Rendezvous mehr ab. Mir gefiel es, den Jungen etwas Freude zu bereiten, die dem Vaterlande dienten; sie waren für mich wie Brüder, die ich nie gehabt hatte. Mit all meinen unbeantworteten Fragen und Ängsten hatte ich mir vorgenommen, mich auf solche „geschwisterlichen" Beziehungen zu beschränken. Ich wußte, daß ich eines Tages sicher wieder eine Bekanntschaft schließen würde, aber für den Augenblick kam das nicht in Frage. Es würde Zeit brauchen, bis ich wieder dazu den nötigen Mut und die nötige Selbstsicherheit hatte.

Im Verlaufe der nächsten Wochen verspürte ich Halsreizungen und Schwindel, so wie wenn ich Grippe hätte. „Die Grippe geht um", sagte Barb eines Tages, als ich über mein Unwohlsein klagte. So mühte ich mich ein paar Tage am Arbeitsplatz ab, ohne mich krank genug zu fühlen, daß ich zu Hause blieb. Dann wachte ich eines Morgens auf und fühlte mich völlig erschöpft. In der Überzeugung, mit einigen Tagen Ruhe die Grippe loszuwerden, meldete ich mich krank. Aber nach zwei Tagen im Bett fühlte ich mich kein bißchen besser.

Schließlich entschloß ich mich, zum Arzt zu gehen; vielleicht würde er mich mit Antibiotika wieder auf die Beine bringen. Eine Krankenschwester hörte sich meine Beschwerden an und nahm eine Blut- wie auch Urinprobe. Dann kam der Doktor herein und nahm eine Routineuntersuchung vor.

„Haben Sie irgendwelche Blutstauungen in der Nase oder in den Ohren gehabt?" erkundigte er sich, während er meinen Rücken mit dem Stethoskop abhorchte.

„Nein, nur eine Reizung im Hals", entgegnete ich.

„Seit wann verspüren Sie den Schwindel?"

„Seit ein paar Wochen."

„Haben Sie erbrechen müssen oder Durchfall gehabt?"

„Einige Male am Morgen habe ich erbrechen müssen. Und Appetit zum Essen habe ich kaum."

„Wann haben Sie Ihre letzte Periode gehabt?"

Ich hielt das für eine seltsame Frage. Was hatte das mit der Grippe zu tun? Ich mußte einen Augenblick überlegen, bevor ich antwortete.

„Ungefähr vor zwei Monaten."

„Haben Sie Geschlechtsverkehr gehabt?"

Ich schluckte schwer und sagte dann: „Oh, nicht eigentlich."

Der Arzt warf mir einen seltsamen Blick zu. „Nun, ich meine... einmal", stotterte ich.

„Wann war das?"

„Vor sechs Wochen." Ich war versucht, ihm zu sagen, daß ich vergewaltigt worden war, aber irgend etwas hielt mich zurück. Vielleicht würde er die Polizei informieren. Dann würde es Fragen geben. Was würde meine Mutter denken?

Sie würde ganz sicher einen schweren Schock bekommen. Ich mußte irgendwie alleine mit der Sache fertigwerden.

„Hm, wahrscheinlich haben Sie nicht damit gerechnet", sagte der Arzt. „Ich weiß nicht, ob es für Sie eine gute oder eine schlechte Nachricht ist. Aber soweit ich feststellen kann, sind Sie schwanger. Die Blutuntersuchung wird uns definitiv Aufschluß darüber geben, wenn wir in ein paar Tagen das Ergebnis haben."

„Aber das ist doch nicht möglich!" protestierte ich. „Nein, das kann nicht sein . . . Man kann doch nicht schwanger sein, wenn man Jungfrau ist. Ich meine, sie kann sicher nicht das erste Mal schwanger werden. Das ist doch eine medizinische Unmöglichkeit, nicht wahr?"

Mit rauher Herzlichkeit klärte mich der Doktor auf: „Im Gegenteil, es ist durchaus möglich. Sie befanden sich mitten in Ihrem Menstruationszyklus. Das ist der Zeitpunkt, wo bei der Frau der Eisprung erfolgt. Kommt es zum Geschlechtsverkehr, wenn die Frau zu diesem Zeitpunkt ihre fruchtbaren Tage hat, kann sie durchaus schwanger werden."

Das war mir neu. Hier stand ich, Absolventin einer höheren Schule, angeblich also „gebildet". Doch meine Geschlechtserziehung war auf dem Niveau von Kindergarteninformationen stehengeblieben. Ich wußte, daß es eine monatliche Menstruation gab, aber niemand, weder meine Mutter noch meine Freundinnen oder Lehrerinnen, hatten mir je etwas vom Eisprung gesagt.

„Sie haben verschiedene Möglichkeiten", fuhr der Doktor fort. „Wir können darüber jetzt sprechen oder wenn Sie das nächste Mal kommen."

Ich schüttelte nur den Kopf in dem Versuch, abzuleugnen, was ich hörte. Der Arzt schloß seine Akte und meinte: „Warten wir noch. Sie brauchen offenbar etwas Zeit, um sich darüber Gedanken zu machen."

Geschockt durch das Gehörte, fand ich nur mit Mühe zu meinem Auto zurück. Ein weiteres Mal suchte ich eine Art Geborgenheit in diesem alten, verbeulten Fahrzeug. Ich fuhr zu einer von Bäumen gesäumten Straße, wo ich schluchzen konnte, ohne von jemand bemerkt zu werden. Mein Verstand sträubte sich gegen das Vernommene, während gleichzeitig ein Gefühl gänzlicher Verzweiflung in mir aufkam und ich mir einzureden versuchte: „Das kann doch nicht passieren. Das ist einfach unmöglich! Wie kann ich, ein unerwünschtes Kind, schwanger sein mit einem unerwünschten Kind?"

Eine halbe Stunde verging, bis die Tränen zu versiegen begannen. Ich zwang mich, den Tatsachen ins Auge zu sehen. Die letzte Periode war ausgeblieben. Die Symptome des morgendlichen Unwohlseins waren da. Die Vergewaltigung war genau in meinen fruchtbaren Tagen geschehen. Das Ergebnis der Blutuntersuchung lag noch nicht vor, aber ich wußte, wie es aussehen würde. Der Doktor hatte recht. Die Tatsachen leugnen zu wollen, half gar nichts.

In meinen Gefühlen war ich wie ausgelaugt. Ich kam mir vor wie jemand, der bestraft wurde. Ich brauchte Hilfe, doch mit wem sollte ich reden? Wer konnte mir helfen?

„O Gott, Du bist der einzige, den ich jetzt habe. Aber ich glaubte, es würde das Ende der Auswirkungen auf mich sein, als ich Dir meine Vergewaltigung hinlegte."

Während ich zu Gott redete, wurde mir bewußt, wie unfähig ich war, diesen niederschmetternden Bescheid zu verkraften. Obwohl ich gemeint hatte, es würde das Problem lösen, wenn ich Gott die Sache hinlegte, mußte ich mir eingestehen, daß ich gar nicht recht verstand, was das bedeutete. Vielleicht lag der Grund für dieses Dilemma darin, daß ich immer noch versuchte, mein eigenes Leben zu bestimmen. Ich hatte Christus einen Platz eingeräumt in meinem Leben; aber tief inwendig wußte ich, daß ich immer noch die Regie führte. Ich spürte, wie der Herr um mich warb und die ganze Herrschaft über meine Entscheidungen, Freundschaften, Zeit, Karriere, Einstellung beanspruchte — einfach die Kontrolle über alles in meinem Leben. Ich sah auch ein, daß sonst keine Hoffnung bestand, dieses Problem zu überwinden und Erfolg im Leben zu haben.

„Herr, ich bin so unglücklich über mein Leben", betete ich. „Ich scheine keine Kontrolle über die Dinge zu haben, die an mich herankommen. Wenn Du mir nicht hilfst, Herr, wenn Du nicht die Kontrolle über mein Leben übernimmst, gibt es keine Hoffnung für mich."

Wieder mußte ich weinen, still vor mich hin diesmal, bevor ich weiterbetete. „O Gott, wieviel kann ich noch ertragen? Hilf mir bitte. Nimm mein Leben. Nimm es ganz. Ich übergebe es Dir vollständig. Ich vertraue mich Deiner Führung an. Ich bitte Dich nicht, daß Du mir ein rosiges Leben gibst. Hilf mir einfach, durch all dies hindurchzukommen. Ich will die Folgen auf mich nehmen, was es auch koste; aber ich schaffe es nicht ohne Deine Kontrolle."

Schließlich war ich imstande, nach Hause zu fahren. Mutter war noch auf der Arbeit und meine Schwestern in der Schule. Ich nahm meine Bibel zur Hand. Überwältigt von meinen Gefühlen, mußte ich unbedingt ein paar Worte von Gott her hören. Aber wo in der Bibel sollte ich den so dringend benötigten Zuspruch finden? Ich kannte ja das Wort Gottes noch gar nicht gut. Ich langte nach dem Fernkurs, und mein Blick fiel auf eine Stellenangabe aus dem Buch der Sprüche. Ich mußte das Inhaltsverzeichnis zu Hilfe nehmen, um die Stelle zu finden, und dann las ich folgende Worte: „Verlaß dich auf den Herrn von ganzem Herzen, und verlaß dich nicht auf deinen Verstand, sondern gedenke an ihn in allen deinen Wegen, so wird er dich recht führen" (Sprüche 3,5.6).

An diese Worte klammerte ich mich. Gott half mir wirklich. Hier war eine Verheißung, auf die ich mich stützen konnte. In meinem Auto hatte ich den ersten Schritt getan, ihm die Kontrolle über mein Leben zu übergeben. Und jetzt hatte mir Gott den nächsten Schritt gezeigt. Ich wollte auf allen meinen Wegen an ihn denken und ihm vertrauen. Ich wollte auf ihn warten und von ihm hören, was ich als nächstes tun sollte.

Doch zuerst hatte ich Ruhe nötig. Während ich auf dem

Bett lag, wurde mir klar, daß ich Mutter die Neuigkeit mitteilen mußte, auch wenn ich wußte, welches ihre Reaktion sein würde: Sie würde sie nicht verkraften können. Wie würde sie es meinen Schwestern beibringen? Sie mußte selber mit so vielen Problemen fertigwerden, daß sie gar nicht imstande war, mir beizustehen. Dennoch, wie sie auch reagieren würde — ich mußte es ihr sagen.

Und dann weiter? Die einzige andere Person, mit der ich darüber reden konnte, war Zoe. Aber was konnte sie schon tun? Irgendwo mußte ich unterkommen, aber wo? Das Ganze kam mir wie ein kompliziertes Puzzle vor. Und dabei war ich mir nicht einmal sicher, ob ich alle Teile beisammen hatte.

Hatte Gott sie? Ich hatte seine Verheißung aus den Sprüchen. Es war an der Zeit, daß ich ihm vertraute und glaubte, daß er alle Teile hatte. Jetzt mußte ich es ihm überlassen, wie alles zusammenpassen würde.

4. Kapitel

Weg von zu Hause

Ich wartete damit, es meiner Mutter zu sagen, bis ich die Bestätigung meines Zustandes erhielt. Die erwartete Mitteilung kam zwei Tage später bei der Arbeit, als eine Krankenschwester anrief, um mir zu sagen, daß der Schwangerschaftstest positiv war. Es bestand kein Zweifel mehr an meinem Zustand. An jenem Abend, während Kay und Sue draußen spielten und Mutter beim Vorbereiten des Abendbrotes war, holte ich tief Luft und sagte, um ihre Aufmerksamkeit zu erwecken, mit betonter Stimme: „Mutter, ich habe heute vom Arzt das Untersuchungsergebnis bekommen."

„Und?" erwiderte sie, ohne aufzublicken.

„Es ist nicht die Grippe. Ich bin schwanger."

Beim letzten Wort erstarrte sie. Dann drehte sie sich um, sah mich ungläubig an und schüttelte langsam ihren Kopf. „Nein!" stieß sie hervor. „Nein! Gütiger Gott, Lee, wie konntest du mir das antun? Das ist zuviel. Das verkrafte ich nicht. Wir sind eben erst in diese Umgebung gezogen und versuchen, einen neuen Anfang zu machen, und was werden nun die Nachbarn denken? Du wirst gehen müssen. Ich kann es nicht zulassen, daß deine Schwestern das mitbekommen. Wie konntest du ihnen so etwas antun? Nein, du wirst ausziehen müssen. Du mußt damit selber fertigwerden..."

Mutters Wortschwall wurde unterbrochen, als die Haustüre geöffnet wurde und meine Schwestern in die Wohnung

47

stürmten. Auf ihrem Gesicht konnte ich ablesen, daß es nichts mehr zu sagen gab. Sie begehrte keine Erklärung von mir; sie wollte einfach, daß sie mit dem Problem nichts zu tun hatte. Das hieß, ich würde ausziehen müssen. Wir hätten wohl diskutieren, streiten und weinen können, aber all das würde nichts an der Tatsache ändern, daß ich mit dem Problem alleine fertigzuwerden hatte. Von ihr durfte ich keine Hilfe erwarten.

Ich war enttäuscht, aber nicht niedergeschmettert; denn ich konnte ja von ihr nicht erwarten, daß sie sagte: „Lee, es tut mir leid. Erzähle, wie es passiert ist." Ich hätte ihr die Umstände schildern und um ihr Verständnis bitten können, denn wenn mir meine eigene Mutter nicht beistand, wer sollte es dann tun? Doch ich mußte mir klarmachen, daß sie nur eines kannte: jeden Morgen aufstehen, zur Arbeit gehen und die drei Kinder versorgen. Wenn ich von zu Hause wegging, konnte sie sich einreden, daß alles gar nicht passiert sei, und eines Tages würde ich wieder nach Hause zurückkehren, vorausgesetzt, daß dies ohne Baby geschah.

Am nächsten Abend hatte ich in einer benachbarten Stadt für die Soldatenfürsorge zu tun. Auf der Hinfahrt im Bus zusammen mit einigen anderen Mädchen hörte ich eines von ihnen das Wort „Abtreibung" sagen. Ich begann mich an der Unterhaltung zu beteiligen und sagte: „Ich habe noch keine Person kennengelernt, die wirklich eine Abtreibung hat vornehmen lassen."

Judy erwiderte daraufhin: „Es ist auch schwierig, eine Abtreibung zu bekommen. Ich habe eine Freundin, die eine hinter sich hat. Sie hat viel Geld dafür bezahlen müssen, aber ihr Problem ist damit nicht gelöst worden."

„Was machen sie denn eigentlich bei einer Abtreibung?" wollte eines der Mädchen wissen.

„Es ist eine verhältnismäßig einfache Operation. Sie dringen durch den Mutterhals ein, entfernen den Fötus, und zum Schluß nähen sie. Meine Freundin hat keine gesundheitlichen Nachteile davongetragen."

„Klingt irgendwie häßlich", bemerkte eine andere, und dann wechselte man das Thema.

Ich hatte den Eindruck, Judy würde weitere Auskunft darüber geben können, wenn ich es wünschte. Angesichts der Umstände zog ich diese Möglichkeit tatsächlich in Betracht. Aber ich fühlte mich nicht wohl dabei. Irgendwie hörte sich ein solches Gespräch an wie etwas, das schlechte Mädchen taten. Aber was noch wichtiger war: Judys Beschreibung machte mir bewußt, daß in mir das Leben eines Kindes war. Eine Abtreibung schien mir wie eine unwiderrufliche Antwort auf ein vorübergehendes Problem.

Ich wußte, daß eines der göttlichen Gebote lautet: „Du sollst nicht töten." Wenn es mir wirklich ernst damit war, mein Leben von Gott bestimmen zu lassen, dann schied diese Möglichkeit aus. Aber ich konnte verstehen, warum eine Frau versucht ist, sich zu einem solchen scheinbar leichten Ausweg zu entschließen.

Während die anderen Mädchen miteinander schwatzten, dachte ich wieder an die verschiedenen Möglichkeiten, die eventuell in Betracht kamen. Hatten die Katholiken nicht ein Heim für ledige Mütter? Und eine Adoption? Sollte ich das Kind lieber bei mir behalten oder es in eine Familie geben? Sollte ich in San Franzisko bleiben oder aber in eine andere Gegend umziehen, wo mich meine Mutter und meine Schwestern nicht sahen?

Aber all das war im Moment zuviel, um schon eine Entscheidung zu treffen. Als wir in der Armeebase ankamen, versuchte ich, nicht mehr daran zu denken und eine gute Zeit zu haben. Viel Erfolg hatte ich damit allerdings nicht.

Am nächsten Tag rief ich Zoe an und lud mich selbst zum Abendessen ein. Als wir an diesem Abend nach dem Essen das Geschirr abwuschen, teilte ich Zoe die Neuigkeit mit. „Zoe, ich habe ein Problem. Ich habe festgestellt, daß ich schwanger bin."

Ihr Gesichtsaudruck verriet einen gewissen Schock, jedoch keine Verurteilung. Sie langte rasch nach einem Handtuch, trocknete sich die Hände und sagte: „Komm, setzen wir uns."

Zoe war nicht nur meine älteste Schwester, sondern auch eine treue Freundin, die sich mein Problem anhören und versuchen würde, mir beizustehen. Ohne aufdringlich zu werden, stellte sie mir ein paar notwendige Fragen. „Ich habe es Mutter gesagt", erklärte ich ihr, „aber sie ist dem nicht gewachsen."

„Hast du die Absicht zu heiraten?"

„Nein, das kommt nicht in Frage. Es handelt sich um einen Angestellten der Firma, den ich nie wieder sehen möchte."

Zoe drängte mich nicht, um weitere Einzelheiten von mir zu erfahren. „In Ordnung. Aber wie soll es jetzt weitergehen?"

„Ich weiß nicht. Wahrscheinlich ist es am besten, wenn ich von hier weggehe, so daß ich diesem Burschen nicht mehr begegne. Es wäre gut, wenn ich einen Ort finden würde, wo ich bleiben könnte, bis diese ganze Sache vorbei ist. Einen Ort, wo mich jemand versteht — wie du. Aber du kommst natürlich nicht in Frage, du hast ja mit deinen eigenen Kindern genug zu tun. Ich muß auch eine neue Arbeit finden."

„Willst du das Baby adoptieren lassen?"

„Ich weiß es nicht. Sicher bin ich nicht in einer guten Lage, um ein Kind aufzuziehen. Aber ich kann mich jetzt wirklich nicht entscheiden. Ich brauche etwas Zeit, um alles gut zu überlegen."

„Ich glaube, du hast recht, wenn du aus dieser Stadt wegziehen willst. Jedesmal wenn du Mutter siehst, wird sie wieder an dein Problem erinnert. Aber wo könntest du hingehen?"

Für einen Augenblick dachte Zoe an ein paar Freunde und an die Familie von ihres Mannes Seite. Wir hatten als Kind keinen Kontakt zu eigenen Verwandten wie Großeltern, Onkels oder Kusinen gehabt, ja wir wußten nicht einmal, ob es solche noch gab. Beide, Vater und Mutter, waren die einzigen Kinder gewesen. Doch Zoes Mann hatte einige natürliche und auch adoptierte Verwandten.

„Mein Mann hat einen alten, adoptierten Onkel, der an der Küste wohnt. Er ist blind, und ich glaube, er wohnt allein. Laß mich ihn anrufen!"

Ich fuhr mit dem Geschirrspülen fort, und sie telefonierte mit dem Onkel. Ein paar Minuten darauf war sie wieder da.

„Alles abgemacht! Er hat ein großes, altes Haus und sagt, es sei kein Problem, dir eines der Schlafzimmer zu geben. Ich glaube, das ist genau das, was wir gesucht haben."

„Wo genau wohnt er?" erkundigte ich mich.

„Zwischen Los Angeles und Long Beach. Es ist eine weite Reise, aber das schaffst du in einem Tag."

An jenem Abend packte ich meine Sachen. Viel Zeit benötigte ich dazu nicht; ich mochte einfach nur das Notwendigste mitnehmen. Sue wollte wissen, was ich da mache.

„Ich gehe nach Los Angeles", antwortete ich.

„Oh! Was willst du denn dort machen?"

„Ich bekomme eine neue Arbeit", erwiderte ich zuversichtlich.

„Willst du ein Hollywood-Star werden?" foppte sie mich und imitierte übertrieben eine typische Marilyn Monroe-Pose. Ich lachte und warf ein Kissen nach ihr. Sue lief weg, um Kay die Neuigkeit mitzuteilen.

Am Morgen darauf ließ ich meinen überraschten Chef wissen, daß dies mein letzter Arbeitstag sei. Jack hatte sich seit jenem verhängnisvollen Abend nicht mehr blicken lassen, und ich war froh darüber. Nach Büroschluß verstaute ich meine wenigen Habseligkeiten in Zoes Auto, das sie mir solange geliehen hatte, und verabschiedete mich von meiner Familie. Sue und Kay sagten, sie würden mich besuchen kommen, wenn ich reich und berühmt sein würde. Mutter sagte nur: „Gott behüte dich. Pass auf dich auf."

Ich fuhr bei Zoe vorbei, um mich von ihr und ihrer Familie zu verabschieden. Sie steckte mir fünfzig Dollar in die

Handtasche, was ungefähr dem entsprach, was ich selber zusammengespart hatte.

Und dann befand ich mich — mit einer Stunde bis Sonnenuntergang vor mir und einer auf dem Mitfahrersitz ausgebreiteten Straßenkarte neben mir — auf der Autobahn 101 und fuhr nach Süden. Ich war noch nicht weit gekommen, als mich das Gefühl einer tiefen Einsamkeit überfiel. Ich war zu einer Stadt unterwegs, wo ich keinen einzigen Menschen kannte. Mir war auch nicht so wohl im Blick auf die mich erwartende Wohnsituation. Aber ich schob den Gedanken daran auf die Seite, da ich ja keine andere Möglichkeit sah. Statt dessen konzentrierte ich mich auf andere Fragen: Wo sollte ich eine Arbeitsstelle finden? Wie schnell würde ich ein Auto kaufen können, um Zoe ihres zurückgeben zu können? Wird es mir gelingen, bald neue Freunde zu gewinnen? Werde ich das Kind behalten? Was muß man tun, um ein Kind adoptieren zu lassen?

„Schön langsam!" ermahnte ich mich. „Immer hübsch ein Problem nach dem anderen! Jetzt hast du auf alle Fälle erst einmal einen Ort, wo du wohnen kannst. Was du als nächstes brauchst, ist eine Stelle. Dieses Problem genügt für den Moment. Immer schön eins ums andere."

Mit diesen Gedanken versuchte ich mich zu entkrampfen, während ich weiter Richtung Süden fuhr. Aber es gelang meinem Kopf nicht, sich zu entspannen. Die Gefühle erwiesen sich als stärker. Ich empfand die Trennung von zu Hause nicht als Erleichterung, und die Zukunft flößte mir Furcht ein. Gewiß, irgendwie war das Ganze ein Abenteuer. Daneben bedauerte ich jedoch, durch die Umstände dazu gezwungen worden zu sein. Es war schwierig, meine Gefühle zu definieren. Irgendwann nach Mitternacht fand ich, ich hätte keinen Grund zur Eile, um mein Ziel zu erreichen. Und so stoppte ich bei einem etwas heruntergekommenen Motel, nicht weit von der Autobahn.

In dem schmucklosen Zimmer streckte ich mich auf dem Bett aus und starrte auf die häßlich geblümte Bettdecke. Das

Gefühl von Verzweiflung schien mir alle Kraft aus dem Leibe zu ziehen. Ich fühlte mich leer, verlassen und vereinsamt. Es gab niemand, der mir Hilfe geben, niemand, dem ich mich anvertrauen konnte — außer Gott. Es schien logisch, laut zu ihm zu reden, so als wäre er mein Freund, der auf einem Stuhl neben mir am Bett saß. Ich versuchte gar nicht erst, meinem Gebet einen frommen Ton zu verleihen. Ich drückte einfach aus, was ich gerade dachte und fühlte.

„Herr, mein Leben ist ein Trümmerhaufen. Das war es schon, ehe ich es Dir übergab, und es ist immer noch so. Nichts hat sich daran geändert. Ich erwarte nicht, daß Du ein göttlicher Automat bist, in den ich ein Gebet hineinstecke und der mir Deinen Segen ausspuckt. Aber, Gott, ich bin sicher, ich könnte jetzt gerade einen Jackpot brauchen. Ich habe keine Familie, kein Zuhause und praktisch auch kein Geld.

Willst Du mich auf diese Weise bestrafen? Vielleicht war es verkehrt von mir, meine Familie von meinem Vater zu trennen. Wie hätte ich es aber wissen können? Es schien mir jedenfalls die richtige Lösung zu sein. Immerhin, ich werde wenigstens nicht meiner Mutter zur Last fallen. Es ist sicher gut, daß ich von ihr weg bin, so hat sie wenigstens keine Probleme mit mir. Nun kann ich mich nur noch auf Dich verlassen, daß Du mir hilfst, mit dieser Sache fertigzuwerden und sie hinter mich zu bringen."

Indem ich so zu Gott redete, spürte ich Ärger in mir aufsteigen, und meine Worte spiegelten ihn wider. „Sieh, o Gott, Du hättest das verhindern können. Warum hast Du mich im Büro meinen Mund auftun lassen! Warum hast Du es zugelassen, daß dieser Bursche mich zu sich nach Hause einlud? Warum ist nicht auch eines der anderen Mädchen mitgekommen? Das ergibt doch alles keinen Sinn! Und jetzt komme ich mir beraubt vor. Für so etwas habe ich meine Jungfräulichkeit bewahrt? Ist Dir klar, daß ich erst achtzehn bin? Ich bin doch viel zu jung, um die Verantwortung für das alles zu tragen. Ich habe nie die Chance gehabt, einfach ein

Kind zu sein. Warum? Weshalb konnte ich nicht eine Zeitlang Freude am Leben haben?"

So redete ich fast eine ganze Stunde drauflos, um meine Frustration abzureagieren. Schließlich langte meine Hand wie von selbst nach der Gideonbibel, die auf dem Nachttisch lag. Ohne meinen Bibelfernkurs hätte ich nicht gewußt, wo ich sie hätte aufschlagen sollen. Ich öffnete sie dort, wo das Neue Testament war, und mein Blick fiel auf die Worte, mit welchen Jesus seine Jünger beten lehrte:

,,Darum sollt ihr also beten: Unser Vater in dem Himmel! Dein Name werde geheiligt. Dein Reich komme. Dein Wille geschehe auf Erden wie im Himmel. Unser täglich Brot gib uns heute. Und vergib uns unsere Schuld, wie wir vergeben unsern Schuldigern..." (Matth. 6,9-12).

Während ich mit dem Lesen fortfuhr, erkannte ich, wie Christus die Wichtigkeit der Vergebung erklärte:,,Denn wenn ihr den Menschen ihre Übertretungen vergebt, so wird euch euer himmlischer Vater auch vergeben. Wenn ihr aber den Menschen nicht vergebt, so wird euch euer Vater eure Übertretungen auch nicht vergeben" (Matth. 6,14).

Plötzlich ging mir auf, daß das mich anging!

Das machte mir Angst. Was geschieht, wenn mir nicht vergeben wird? Mit dieser Ungewißheit konnte ich nicht leben. Ich mußte sicher sein, daß ich Gottes Forderung erfüllte. Ich mußte denen vergeben, die mich verletzt hatten. Das war nicht fakultativ. Gott hat es ganz klar gemacht: entweder — oder, schwarz oder weiß. Die Frage war nur, ob ich ihm gehorchen konnte.

Mir blieb wirklich keine Wahl. Angesichts meiner Umstände war dies meine einzige Hoffnung. Ich hatte zu gehorchen. Dabei spielte es keine Rolle, ob es mir gefiel oder nicht. Ich hatte die Herrschaft über mein Leben Christus übergeben, und ich wollte seine Liebe und seine Vergebung erfahren. Während der nächsten paar Stunden hielt ich Rückschau auf mein Leben, redete wieder laut zu Gott und sagte ihm, daß ich all den vielen Menschen vergab, die mir wehgetan hatten.

Es war natürlich, daß ich dabei zuerst an meine Mutter dachte. Immerhin hatte sie mir in meiner traumatischen Erfahrung nicht beigestanden, sondern mich aus dem Hause geschickt. Doch so sehr das auch wehtat, es war relativ leicht, ihr zu vergeben, denn was hätte sie sonst tun können? Sie konnte einfach nicht mehr ertragen. Nach nicht einmal einem Jahr war ihre Ehe praktisch zerbrochen, und jetzt befand sie sich Tausende von Kilometern entfernt von Philadelphia, der einzigen Gegend, die für sie Heimat bedeutete. Nach all dem, was sie von meinem Vater erleiden mußte, konnte ich verstehen, daß sie durch mich nicht noch eine weitere Demütigung zu ertragen vermochte.

Ich dachte über mein eigenes Leben in Philadelphia nach. Ich dachte an meinen Vater und wie er jeden Tag nicht mit einem normalen Frühstück begann, sondern mit einem Glas Gin und einem rohen Ei darin. Er hatte kaum je eine Mahlzeit zusammen mit seiner Familie eingenommen, und seine Geschicklichkeit im Umgang mit einer Gabel stellte er lediglich an Feiertagen unter Beweis.

„Herr, ich möchte meinem Vater alles vergeben, was er mir angetan hat", sagte ich. „Ich vergebe ihm alle Schläge, die ich von ihm bekommen habe, und ich vergebe ihm, daß er sich sonst nicht um mich gekümmert hat. Ich vergebe ihm, wenn er nicht da war, wenn ich ihn brauchte. Ich vergebe ihm, daß er so oft betrunken war und daß er mich vor meinen Freunden und unseren Nachbarn so viele Male gedemütigt hat. Ich vergebe ihm, daß er ein Versager ist, der seine Familie nicht versorgen konnte."

Indem ich so redete, mußte ich weinen; denn mitten in meinem Bekenntnis fing ich an, meinen Vater in einem ganz anderen Lichte zu sehen. Die Person, die ich als meinen Vater sah, war nicht der eigentliche Mensch. Irgendwie war er auf eine Weise, die ich nicht ganz verstand, ein kranker Mensch. Es war der Alkohol, der ihn verändert hatte. Unter der Oberfläche verbarg sich ein Mensch, der seine Töchter liebhaben wollte, aber sein Denken war verdreht worden.

Der Alkohol war schuld, daß er sich nicht beherrschen konnte. Er hatte den Groll vergangener Zeiten nie abgelegt, und indem dieser sich im Laufe der Zeit aufgestaut hatte, suchte er im Trunk einen Ausgleich. Das hatte die Persönlichkeitsveränderung bei ihm nur noch mehr gefördert.

Meine Eltern waren nicht die einzigen, denen ich zu vergeben hatte; denn ich hatte während Jahren alle möglichen kleinen Schläge einstecken müssen. Ich dachte da an die Lehrer, die mich geplagt oder gedemütigt hatten. Ich dachte an Freunde, die mich im Stich gelassen hatten, an einen Jugendfreund, der mich sitzen gelassen hatte, und an meinen Lehrer im Fach Theater, der mir die Rolle in einem Musical nicht gegeben hatte, die ich so gerne bekommen hätte. Indem ich mich an jede einzelne Sache erinnerte, vergab ich der dafür verantwortlichen Person.

Und dann mußte ich an den Mann denken, der mir Gewalt angetan hatte — an den, der einen solchen Einschnitt in meinem Leben verursacht hatte. Er hatte mich gezwungen, von meiner Familie wegzugehen. Er hatte mir meine Jugend geraubt. Wie sollte ich ihm je vergeben können? Ich wollte nicht, aber ich mußte. „Wenn ihr aber den Menschen nicht vergebt, so wird euch euer Vater eure Übertretungen auch nicht vergeben." Sollte ich Gott gehorchen? Er bot mir eine Verheißung an — wenn ich auf seine Forderung einging.

Während ich zögerte, mußte ich an Jesus Christus denken und an sein Ringen in der Nacht vor seiner Kreuzigung. Er hatte in seiner Qual gebetet: „Ist's möglich, so gehe dieser Kelch an mir vorüber; doch nicht wie ich will, sondern wie du willst!" (Matth. 26,39). Und als er am Kreuz hing, sagte er: „Mein Gott, mein Gott, warum hast du mich verlassen?" (Matth. 27,46). Auch Jesus war ein Opfer, hatte er doch nichts getan, was unrecht war. Doch trotz seiner Gefühle gehorchte er seinem Vater.

Und so kam ich mir auch vor: als Opfer. Abgesehen von einer Fehleinschätzung hatte ich nichts Unrechtes getan. Aber darum ging es nicht. Die Frage lautete: Willst du diesem Mann vergeben? Ich dachte darüber nach, warum er es wohl getan hatte. Hatte er wirklich mein Leben ruinieren wollen, mich zur Aufgabe meiner Stelle zwingen und mich von meiner Familie trennen wollen? Es schien mir, er wollte mich absichtlich allein bei sich haben, war sich aber der Folgen seines Tuns nicht bewußt. Ich mußte ihm das vergeben, was er getan hatte und nicht, was er beabsichtig hatte. „Herr, ich vergebe ihm. Ich kann seine Gedanken nicht beurteilen. Aber was er mir angetan hat, hat mich tief verletzt und den Lauf meines Lebens geändert. Ich vergebe ihm nicht, weil mir danach zumute ist, sondern weil Du es von mir willst."

Das war das Schwerste, aber noch nicht das Letzte; denn ich empfand immer noch einen Groll gegen Gott. Ich mußte auch ihm vergeben. Nicht, weil er mir unrecht getan hatte — er kann ja nicht sündigen. Aber es gab Optionen in seiner souveränen Weisheit, von welchen er keinen Gebrauch gemacht hatte. Weder die Vergewaltigung noch die Schwangerschaft hatte er verhindert. Auch gewarnt hatte er mich nicht, so daß ich der Gefahr aus dem Wege hätte gehen können. Er hatte überhaupt nicht eingegriffen. Mir war, als wäre ich von ihm einfach im Stich gelassen worden. Wenn ich an diesen Vorwürfen ihm gegenüber festhielt, schnitt ich mich selber von ihm ab, und er war doch alles, was mir geblieben war.

„Herr, ich gebe zu, daß es nicht richtig von mir war, Dich für meine Umstände verantwortlich zu machen. Du hast nie versprochen, mir allen Schmerz zu ersparen. Ich sehe ein, daß ich mich gegen Dich aufgelehnt habe, weil Du mir nicht zu Hilfe gekommen bist und das alles nicht verhütet hast. Ich möchte mich von jetzt an ganz fest an Dich klammern."

Und schließlich mußte ich mir selber vergeben. Weil ich so naiv und vertrauensselig gewesen war. Weil ich nicht die richtige Wahl getroffen hatte. Weil ich mich nicht meinem Doris Day-Traum entsprechend verhalten hatte. Weil ich nicht imstande gewesen war, alle Fäden in meinem Leben zu ziehen und alles zu einem guten Ende zu führen. Weil ich „es nicht schaffte", wie ich es von mir und von allen erwartet hatte. Ich mußte einsehen, daß es richtig war, ich selber zu sein, so wie Gott mich erschaffen hatte. Und ich mußte einsehen, daß ich Gottes Hilfe brauchte.

Der erste Schimmer des neuen Tages schlich sich in mein armseliges Motelzimmer. Ich hatte während Stunden laut zu Gott geredet, und nun empfand ich eine wunderbare neue Freiheit in meinem Inneren. Mein Groll gegen Gott hatte sich durch mein Bekenntnis vor ihm und durch seine Vergebung aufgelöst. Die Schuld meiner Sünde war von mir genommen. Die Entfremdung, die ich meiner Familie gegenüber empfunden hatte, war jetzt verschwunden. Mein Zorn war weg und auch der Wunsch nach Rache. Die Hindernisse zwischen mir und Gott, die mir vorher nicht einmal bewußt gewesen waren, waren weggeräumt.

Es kam mir vor, als wäre mein altes Leben wie weggewaschen. Ein neues Leben hatte begonnen. Welch eine Ironie, mußte ich denken, daß das in mir keimende Leben das Werkzeug war, in mir den Anfang meines Glaubenswandels mit Gott herbeizuführen! Jetzt erkannte ich, wie wenig ich Christus bis dahin erlebt hatte. Ich hatte ihm in Philadelphia nur einen kleinen Teil meines Lebens zur Verfügung gestellt und noch ein bißchen mehr davon vor ein paar Tagen im Auto, nachdem ich erfahren hatte, daß ich schwanger war.

Jetzt begann ich eine viel tiefere Beziehung zum Herrn zu erleben. Er war so wirklich — wie wenn er leibhaftig auf dem Stuhl neben meinem Bette saß, während ich zu ihm redete. In mir stieg ein hoffnungsvolles Empfinden auf, daß Gott sich dieser häßlichen Situation annahm und mich durch sie näher zu sich zog.

„Herr, ich möchte dieses Bewußtsein Deiner Gegenwart nicht verlieren. Ich spüre, dies ist ein neuer Start. Ich weiß jetzt, daß Du eine echte Wirklichkeit bist, und ich möchte mich ganz fest an Dich klammern. Ich habe weder einen Mann noch eine Mutter, weder einen Vater noch einen guten Freund im Augenblick. Herr, Du mußt ihren Platz einnehmen. Sei Du mein Mann, mein Vater, meine Mutter, mein Freund."

Während es draußen immer mehr dämmerte, versuchte ich, noch etwas Schlaf zu finden, bevor ich meine Reise fortsetzte. Ich hatte in diesem kleinen Motelzimmer eine ganz andere Sicht der Dinge erhalten. Am Vorabend war mir mein Leben so trübe vorgekommen. Jetzt, bei aufgehender Sonne, verspürte ich ein warmes Gefühl in mir, das mich fast ein wenig abenteuerfreudig in die Zukunft blicken ließ. Was hatte sich nicht schon in dieser einen Nacht ereignet! Sicher, vieles lag noch im Ungewissen. Doch nun wußte ich, daß ich nicht allein reiste. Indem ich in den Schlaf hinüberglitt, dachte ich noch: „Lee, dabei mußt du bleiben." Und ich fragte mich noch: „Wird das wirklich von Dauer sein, oder erlebe ich nur eine seelische Entspannung, die sich in ein paar Tagen verflüchtigen wird?"

5. Kapitel

Meinen Weg finden

Ein Gefühl der Spannung erfaßte mich, während ich die Hügel bei Los Angeles überquerte und hinunter in den Smog der Großstadt fuhr. Das war also die Heimat der Beach Boys! Nun, sie sangen gewiß nicht von einem schwangeren „kleinen Surfer-Mädchen"! Für jemand aus der City von Philadelphia waren die Palmen, die heißen Sandstrände und die City-Autobahnen schon etwas Aufregendes.

Von meinem menschlichen Standpunkt aus gesehen war meine Zukunft voller Ungewißheit. Doch ich spürte ganz deutlich, daß ich nicht allein war. Die Wärme meiner Begegnung mit Gott im Motelzimmer war noch ebenso real wie bei meinem Erwachen aus dem zweistündigen Schlaf. „Herr, nur das Notwendigste", betete ich. „Ich brauche keinen Luxus. Nur Essen und Obdach. Du hast mir schon so viel Liebe erwiesen!" Wie tröstlich war es zu wissen, daß ich mit dem Herrn reden und ihn in all meine Überlegungen mit einbeziehen konnte!

Während ich durch Los Angeles fuhr, bewegte mich der Gedanke, dieses Verhältnis zum Herrn unbedingt aufrechterhalten zu müssen, aber ich war mir nicht sicher, auf welche Weise dies zu geschehen hatte. „Ich muß ein paar andere Menschen finden, die in der gleichen Erfahrung lebten", sagte ich zu mir und zu Gott. „Es würde mir in den kommenden Monaten sicher eine Menge helfen, geistliche Unterstützung von solchen zu bekommen, welche dieselbe Beziehung zu Christus pflegten. Ich nahm mir vor, eine Gemeinde zu suchen, sobald ich mich an meinem neuen Wohnort etwas eingelebt hatte.

Ich brauchte nicht lange zu suchen, um das Haus von Onkel Howard zu finden. Es war ein altes, grau und blau gestrichenes zweistöckiges Haus unweit vom Strand. Es schien in den zwanziger Jahren gebaut worden zu sein; denn es glich ein wenig einem alten Schiff: mit Bullaugen, einem Schornstein wie auf einem Schiff und einem zweiten Stock wie ein Schiffsdeck!

Ich pochte an die Vordertür, doch niemand meldete sich. Zögernd bewegte ich die Türklinke, und die Tür öffnete sich. Ein schrecklich dumpfer Geruch kam mir zur Begrüßung entgegen, wie wenn das Haus seit Jahren verschlossen gewesen wäre. Im Innern entdeckte ich zwei mindestens siebzigjährige Männer, die Zigarren paffend von zwei Polstersesseln aus eine Fernsehsendung verfolgten. Einer von ihnen war Onkel Howard und der andere ein älterer Bruder von ihm, der sich offensichtlich bei schlechter Gesundheit befand. Ich erfuhr bald, daß beide hier wohnten. Sie waren erfreut, mich zu sehen. Ob es mir paßte oder nicht, jedenfalls schienen beide in mir ihre zukünftige Haushälterin zu sehen, die sich um die Wäsche, das Kochen und um sie selber kümmerte. Doris Day war jetzt weiter denn je entfernt von meiner neuen Wirklichkeit. Ich würde wohl mehr ein Aschenputtel abgeben.

Aber mir blieb keine große Wahl. Das Haus war wohl schon seit Jahren nicht mehr richtig gesäubert worden. Überquellende Aschenbecher standen überall zerstreut im unordentlichen Wohnzimmer umher. Als ich einen Blick in die Küche warf, um etwas zum Essen zu finden, fand ich ganze Berge von schmutzigem Geschirr vor, Küchenabfälle bildeten den Tummelplatz von emsig hin und her eilenden Ameisen, und was an Lebensmitteln vorhanden war, war auch nicht gerade jüngsten Datums. Ich konnte mir nicht vorstellen, in einem solchen Gemisch von Schmutz und Unordnung zu essen. Ihnen schien das nichts auszumachen, mir hingegen um so mehr. Ich stellte mein Gepäck in einem Zimmer im oberen Stock ab und startete augenblicklich einen Reinigungsfeldzug. Ich mußte fast meine ganze Kraft aufwenden, um ein paar Fenster aufzukriegen. Die hereinströmende frische Luft, das Wegräumen des Abfalls, das Staubwischen sowie das Entleeren der Aschenbecher ließen die verbrauchte Luft wenigstens teilweise entschwinden.

Die Feststellung, daß Onkel Howard nicht vollständig blind war, überraschte mich etwas. Er sah immerhin genug, um sich ohne besondere Mühe im Hause zu bewegen, Dinge in der Küche zu finden, fernzusehen und sogar über die Straße zu gehen. Doch offensichtlich war seine Sehkraft stark beeinträchtigt, und er schien das ihm entgegengebrachte Mitleid zu genießen, weil seine Familie ihn für völlig blind hielt.

Meine Vorahnungen in bezug auf diese Wohnsituation hatten sich als zutreffend erwiesen, doch was konnte ich tun? Jetzt wurde mein Vertrauen auf Gott zum ersten Mal auf die Probe gestellt. Jeden Abend verbrachte ich mit dem Lesen der Bibel. Besonders im Philipperbrief fand ich Antwort auf Dinge, die mich beschäftigten. „Was wahrhaftig, was ehrbar, was gerecht, was rein, was lieblich, was wohllautet, ist etwa eine Tugend, ist etwa ein Lob, *dem denket nach*" (Phil. 4,8). Ich könnte in Anbetracht dieser miesen Situation sagen: „Hier bleibe ich nicht — basta!" Oder ich könnte Gott danken für das, was er jetzt für mich bereithielt und akzeptieren, daß ich ihm dienen konnte, indem ich mich um diese zwei Männer kümmerte. Ich entschloß mich für die zweite Möglichkeit und nahm mir vor, das Beste aus der Sache zu machen. Wenigstens hatte ich ein eigenes Zimmer, etwas, das ich vorher nicht gekannt hatte.

Ich brauchte nicht einmal eine Woche, bis ich in einem alten Hotel am Strand eine Stelle als Sekretärin fand. Dann begann ich, nach einer Gemeinde Ausschau zu halten. Solche schönen alten Gothik-Kirchen, wie ich sie in Philadelphia aufgesucht hatte, fand ich hier nicht. Die kalifornischen Kirchen sahen eher stromlinienförmig und modern aus. Am ersten Sonntag ging ich in eine Kirche nur wenige Häuserblocks weiter. Der Akzent des Gottesdienstes schien eher auf sozialen und politischen Aspekten zu liegen, und die Bibel kam gar nicht zur Geltung. Ich wußte, das war es nicht, was ich brauchte. In der Woche darauf ging ich in eine Kirche der Christlichen Wissenschaft, weil sie ein Kreuz auf dem Dach trug. Den Namen Jesus hörte ich nicht ein einziges Mal während des ganzen Gottesdienstes.

Diese beiden Erfahrungen machten mir deutlich, was ich in einer Kirche brauchte. Es mußte darin die Bibel gelehrt und Jesus Christus in den Mittelpunkt gestellt werden. So suchte ich im Adressbuch und konnte fast nicht glauben, daß es so viele Denominationen gab! Allein bei den Baptistenkirchen gab es wenigstens ein Dutzend verschiedener Kirchen. Bei einer Baptistenadresse fand ich den Zusatz: „Bibelstudium". Ich beschloß, als nächstes dort hinzugehen.

Die Kirche war ein großes Gebäude, das knapp zur Hälfte gefüllt war. Etwa dreihundert Personen hörten einem nicht gerade aufregenden Prediger zu — in keiner Weise vergleichbar mit Billy Graham! Immerhin, er redete von Jesus und predigte aus der Bibel. Und ähnlich wie Billy Graham, lud er die Leute ein, nach vorn zu kommen und Jesus anzunehmen. Das schien mir gut.

Nach dem Gottesdienst begrüßte mich eine große, feste Frau mit einem ebenso breiten Lächeln und sagte: „Wohin gehen Sie zum Mittagessen, Mädchen?" So kam ich mit der „Villa Croft" in Berührung. Ich folgte ihr und ihrem kleinen, hageren Ehemann zu einem winzigen Haus unweit der Kirche. „Wollen mal sehen, was wir im Kühlschrank haben", sagte sie, während sie Eier und verschiedene andere Lebensmittel herausholte.

„Sie sind erst kürzlich hierher umgezogen, stimmt's?" sagte sie und schickte sich an, etwas zum Essen zu machen.

„Woher wissen Sie das?"

„Das sehe ich einfach", erwiderte sie augenzwinkernd. „Dem Auge von Mamma Croft entgeht ein einsames, hungriges Mädchen nicht. Jetzt entspannen Sie sich und fühlen Sie sich zu Hause. Wir haben nicht viel, aber das Wenige teilen wir gerne. War das nicht eine gute Predigt heute morgen? Wir können uns nie genug mit der Bibel beschäftigen, gewiß nicht. — Carol, komm mal her und begrüße Lee."

Carol war Crofts Tochter, dreißig, und war soeben mit ihren beiden Jungen ins Haus getreten. „Carol wohnt jetzt bei uns", erklärte Mamma Croft, nachdem sie uns miteinander bekannt gemacht hatte. „Haben Sie schon mal solche Prachtjungen wie diese beiden gesehen? Es ist eine Schande, daß ihr Vater sie verlassen hat. Eines Tages ist er einfach auf und davon. Sie wußten nicht, wohin sie sollten, und da habe ich ihnen natürlich gesagt, sie sollen zu uns ziehen..."

So redete Mamma Croft weiter zu mir, als gehörte ich schon lange zur Familie. Um den Küchentisch herum war nicht viel Platz, aber wir rückten alle zusammen, und jeder hatte genug, um sich sattzuessen. Aus der Weise, wie ich in ihre Gemeinschaft mit eingeschlossen wurde, konnte ich entnehmen, daß ich nicht die erste einsame Fremde war, die sie zum Mittagessen eingeladen hatten. Die Liebe von Mamma und Papa Croft kam mir beinahe unglaublich vor. Sie brachten offensichtlich große Opfer für ihre Tochter und ihre beiden Söhne, aber sie teilten nicht nur reichlich zum Essen aus, sondern ebenso viel Liebe. Ich habe so viele Menschen gesehen, die mit Liebe und Gastfreundschaft kargten; aber dieses Ehepaar besaß nicht nur genug für sich selber, sondern sie gaben noch reichlich weg! Eine solche Familie hatte ich vorher noch nie gesehen.

„Warum kommen Sie heute abend nicht wieder und nehmen an unserer Ledigen-Gruppe teil?" schlug Carol nach dem Essen vor.

„Ledigen-Gruppe?" fragte ich.

Sie lachte und erklärte, was es damit auf sich hatte. „Nun, wir sind nicht viele. Eine Handvoll alter Mädchen sowie ein paar bedauernswerte Burschen. Aber wir haben eine gute Zeit. Wir machen Bibelarbeit und stützen einander."

Und so kam es, daß ich sonntags und mittwochs abend die Gottesdienste und Versammlungen besuchte und auch in die Ledigen-Gruppe ging. Ich war froh, daß man mir die Schwangerschaft nicht ansah; so paßte ich noch gut hinein. Aber diese jungen Erwachsenen hatten schon eine ganze Zeit keinen Neubekehrten mehr in ihrer Mitte gesehen, und so waren sie auch nicht vorbereitet auf meine „unbaptistischen" Ideen. An einer Zusammenkunft sprachen wir über den Geldmangel in der Kasse der Gruppe, und so meldete ich mich zu Wort und machte einen Vorschlag. „Warum führen wir nicht einen Volkstanz im Gemeinschaftssaal auf? Wir könnten Stroh hineintun, und jeder tritt mit einem Western-Kostüm auf..."

Der erstarrte Gesichtsausdruck der Gruppenmitglieder ließ mich mitten im Satz innehalten. Sie hielten dies offenbar nicht für einen Ausdruck göttlicher Eingebung. Es war Carol, welche die Situation rettete. Sie erhob sich, legte ihren Arm um mich und sagte: „Nun, Freunde, Lee kennt noch nicht alle Regeln und Abmachungen hier." Als ich mich hinsetzte, flüsterte sie mir zu: „Wir müssen diesen Gedanken noch etwas zurückstellen. Vielleicht können wir ein anderes Mal so etwas machen."

Ich war verwirrt. Mir war kein einziger Mensch bekannt, der nicht tanzte. Und diese alle hier sahen wie glückliche, wohlerzogene Menschen aus. Vermutlich hatte ich noch eine Menge zu lernen.

Die Gruppe fand meine Bemerkungen während der Bibelarbeiten amüsant und gelegentlich auch herausfordernd und einsichtsvoll. Ein älterer, grauhaariger Mann leitete die Bibelarbeit anhand eines veralteten, trockenen Lektionsheftes. Es machte den Anschein, als sei jedem der Inhalt schon seit Jahren bekannt. Doch für mich war das alles neu. Und alles schien sich direkt auf mich zu beziehen. Ich betrachtete es als geistliche Speise, die mich auf die mir bevorstehende schwierige Zeit vorbereitete. Die Gruppe lachte und tolerierte meine Begeisterung, denn ich hatte nichts von einem „Fundamentalisten" an mir.

Eines Sonntags sprachen wir über Jesus und seine Jünger. Dabei wurde auch die Mutter von Jakobus und Johannes erwähnt, die Jesus um einen Platz zu seiner Rechten und Linken gebeten hatte. Sofort mußte ich an eine jüdische Mutter denken, die ich in Philadelphia gekannt hatte. „Könnt ihr euch diese kräftige, resolute jüdische Mutter vorstellen, wie sie sich ihren Weg durch die Menge bahnte?" Mit dieser Beschreibung leistete ich meinen Beitrag zu der Aussprache über den betreffenden Bibeltext. „Hört ihr sie zu Jesus sagen: ‚Wer wird also zu deiner Rechten und wer zu deiner Linken sitzen? Solche flotten Burschen wie diese — Herr, du solltest keinen von ihnen übergehen.' Jakobus und Johannes wünschten sich wohl vor lauter Verlegenheit ein Loch im Boden, um darin am liebsten zu versinken."

Die Gruppe lachte über meinen „echten" jüdischen Akzent. Aber ich hatte das nicht zum Spaß getan. Ich fuhr fort, um folgenden Punkt zu betonen: „Das war schon etwas — diese Mutter sagte Gott, was er tun solle! Aber tun wir nicht dasselbe? Ich weiß, das ist so. Auch ich möchte dem Herrn oft sagen, was er tun soll."

„Sie haben recht", antwortete der Bibellehrer. „Ganz so habe ich es noch nie gesehen. Das ist eine gute Anwendung."

Bei Crofts nach dem Gottesdienst am Sonntagmorgen das Mittagessen einzunehmen, wurde für mich zur Gewohnheit. Mein Leib begann sich unterdessen etwas zu runden, aber ich glaube nicht, daß sie es bemerkten. Oder wenn sie es taten, so meinten sie sicher, das gute Essen bei ihnen sei daran schuld. Bis dahin hatte ich noch niemand erzählt, daß ich in Erwartung war. Aber ich wußte, daß ich es nicht mehr viel länger verbergen konnte.

Es war überraschend leicht, Mamma und Papa Croft mein Geheimnis anzuvertrauen. Meine erste Reaktion auf die Vergewaltigung und die Schwangerschaft war ja normal gewesen: „Wo habe ich etwas falsch gemacht?" Ich hatte auch einen verzweifelten Drang gehabt, meine Schande zu verstecken. Jetzt erfuhr ich zum ersten Mal eine voraussetzungslose Liebe, und das verlieh mir eine gewisse Sicherheit. Ich begann mich in einem neuen Licht zu sehen. Ich war keine Verliererin, die für jede schlechte Erfahrung selber verantwortlich war und sie verdiente. Eines Sonntags nach dem Essen platzte ich bei Mamma und Papa Croft mit der Wahrheit heraus. Zu meiner großen Erleichterung brachte sie meine Mitteilung nicht aus der Fassung. Carol erklärte sich mit Mamma Crofts Vorschlag einverstanden, es der Ledigen-Gruppe beizubringen, wenn ich nicht dabei war, so daß sie nicht schockiert wurden.

Diese Erfahrung zeigte mir, wie sehr ich dieser lieben Familie vertrauen konnte. Es war, als hätte Gott sie mir als Ersatz für die Familie gegeben, die ich verloren hatte. Ich verspürte zunehmend den Wunsch, mit jemand auch über die Vergewaltigung selber zu reden, und ich hatte den Eindruck, Carol sei die richtige Person dafür. Eines Abends nahm ich allen Mut zusammen und erzählte ihr die Umstände meines schrecklichen Erlebnisses. Sie war offensichtlich darüber entsetzt, doch sie schien zu verstehen und mitzufühlen. Ihre Empörung richtete sich nicht gegen mich, sondern vielmehr gegen die Ungerechtigkeit der Situation. „Hast du die Polizei benachrichtigt?" fragte sie mich.

„Nein, ich sah keinen Sinn darin", gestand ich verlegen.

„Warum denn nicht. Dieses Ekel hätte vor Gericht gehört."

„Aber ich glaubte, es sei ungesetzlich, wenn ein Mädchen unter siebzehn schwanger wird."

„Woher hast du denn diese Idee? Vergewaltigung ist ein Verbrechen. Wenn du diesen Mann nicht angezeigt hast, kann er hingehen und jemand anders schaden."

„Ich hatte auch Angst wegen meiner Mutter. Sie hätte all die damit verbundenen Umtriebe nicht ertragen."

„Du hast ihr aber keine Chance gegeben", erwiderte Carol.

„Du hättest die Sache wirklich zur Anzeige bringen sollen", setzte sie langsam hinzu. Und indem sie tröstend meine Hand drückte, sagte sie: „Aber damit kommen wir jetzt auch nicht weiter. Tatsache ist, daß du jetzt bei uns bist, und wir werden dir helfen, die Sache durchzustehen."

Carol weihte auch ihre Mutter in das ein, was ich ihr gesagt hatte, und auch sie zeigte sich sehr verständnisvoll. „Wissen Sie, meine Liebe, Gott will uns alles zum Besten dienen lassen. Sie wissen noch nicht, wohin das führen wird."

Aufgrund meines persönlichen Bibelstudiums gelangte ich zu einer ähnlichen Schlußfolgerung. Mehr als eine Stunde verbrachte ich jeden Tag mit Bibellesen und Meditation über Gottes Wort. Das war wie eine Salbe für meine arg in Mitleidenschaft gezogenen Emotionen, und es nährte das Feuer meiner erneuerten Gemeinschaft mit Gott.

Ein Thema, dem ich beim Bibellesen immer wieder begegnete, war Dankbarkeit:

„Seid dankbar in allen Dingen; denn das ist der Wille Gottes für euch..." (1. Thess. 5,18).

„Alles, was ihr tut mit Worten oder mit Werken, das tut alles in dem Namen des Herrn Jesus und danket Gott, dem Vater" (Kol. 3,17).

„Sorget nichts, sondern in allen Dingen laßt eure Bitten im Gebet und Flehen mit Danksagung vor Gott kund werden" (Phil. 4,6).

Diese Worte ließen mich nicht los, und mir wurde bewußt, daß ich mich im Danken üben sollte. Das hieß indes nicht, daß ich im Blick auf meine Lage resignierte. Ich wollte meine Aufmerksamkeit vielmehr auf die guten Dinge konzentrieren, die Gott tat, und gleichzeitig darauf vertrauen, daß er mich durch die noch in meinem Leben verbleibenden negativen Dinge hindurchbringen werde. Und so übte ich mich in der Danksagung: „Danke, Herr, daß Du mir ein Obdach gegeben hast. Danke für eine Gemeinde, in der ich mehr über Dich erfahren darf. Danke für die Ledigen-

Gruppe, die mich akzeptiert. Danke für Mamma und Papa Croft und für Carol, die mich so lieben, als gehörte ich zu ihrer Familie. Danke für die Freundin in der Gemeinde, die mir ihr Auto geliehen hat, so daß ich Zoe das ihrige zurückgeben konnte. Danke für die gute Stelle, wo ich genug Geld verdiene, um durchzukommen."

Ich fand keine Bibelstelle, die mir verhieß, keine Schwierigkeiten mehr im Leben zu haben. Dafür stieß ich auf Verheißungen, daß Gott mit mir sein werde in meinen Prüfungen. Besonders an eine Stelle aus den Paulusbriefen klammerte ich mich:

„Ist Gott für uns, wer mag wider uns sein? ... Wer will uns scheiden von der Liebe Gottes? Trübsal oder Angst oder Verfolgung oder Hunger oder Blöße oder Gefahr oder Schwert? ... Aber in dem allen überwinden wir weit durch den, der uns geliebt hat. Denn ich bin gewiß, daß weder Tod noch Leben, weder Engel noch Fürstentümer noch Gewalten, weder Gegenwärtiges noch Zukünftiges, weder Hohes noch Tiefes noch keine andere Kreatur kann uns scheiden von der Liebe Gottes, die in Christus Jesus ist, unserm Herrn" (Röm. 8,31-39).

Das überzeugte mich davon, daß nichts, was aus meinem Erlebnis resultierte, zwischen mir und die Liebe Christi gekommen war. Das bildete einen weiteren Grund zum Danken; denn ich erkannte, wie diese Erfahrung mich in der Tat näher zu Gott gebracht hatte. Dazu sah ich auch eine Demonstration der Liebe Gottes in einer möglicherweise verheerenden Situation.

Es geschah, als ich eines Abends spät einschlief. Plötzlich stürzte Onkel Howard in mein Zimmer. „Was ist denn los?" rief ich erschrocken. Er antwortete nicht, sondern kam auf mein Bett zu, und ich wußte sofort, was er im Sinn hatte. Ich sprang aus dem Bett und schob es zwischen uns. „Hör auf, du schmutziger alter Mann!"

„Ich will dir nicht wehtun", sagte er höhnisch, während er auf das Bett stieg und sich auf mich werfen wollte.

„Laß mich in Ruhe!" schrie ich. Ich lief um das Bett herum, rannte zur Tür und die Treppe hinunter. Onkel Howards Bruder, der den Lärm bemerkt hatte, kam aus seinem Zimmer, um zu sehen, was los war. Das verschaffte mir Zeit, Mamma Croft zu telefonieren. „Hier ist Lee. Kommen Sie schnell und holen Sie mich. Ich bin in Schwierigkeiten!"

Inzwischen diskutierten die beiden alten Männer miteinander, und so warf ich schnell ein paar meiner Habseligkeiten in eine Einkaufstasche. Nach fünf Minuten erschien Mamma Croft, lediglich mit ihrem Nachthemd und einem Kleid darüber bekleidet. Sie kam mir fast wie die Jungfrau von Orleans vor. Ihre flammenden Augen brachten Onkel Howard augenblicklich zum Schweigen, so daß er den Rückzug antrat und sich auf sein Zimmer zurückzog. „Lassen Sie uns gehen!" Sie ergriff mein bescheidenes Gepäck, faßte mich beim Arm und führte mich nach draußen zu ihrem Auto.

Als wir zu ihrem Haus fuhren, sagte sie: „Machen Sie sich nur keine Sorgen. Mamma Croft wird sich schon um Sie kümmern. Wir werden Ihnen ein Bett bei uns geben, und Sie können bei uns bleiben, bis Ihr Baby da ist."

Ich kannte sie schon genügend, um zu wissen, daß es da nichts mehr zu diskutieren gab. Sie meinte, was sie sagte. Gott mußte mich gar nicht erst mahnen, ihm in dieser Situation zu danken; es kam ganz von selbst. Noch nie hatte es so auf der Hand gelegen, daß er für mich sorgte.

6. Kapitel

Geborgen in der Liebe

Die Crofts waren moderne Barmherzige Samariter. Sie hatten zwar kein Zimmer für mich in ihrem Hause, aber sie machten irgendwie Platz. Jede mögliche Ecke wurde als Schlafstelle eingerichtet. Ich teilte ein Zimmer mit Carols beiden kleinen Knaben. Das bescheidene Haus wies keinen Schnickschnack auf, sondern lediglich das, was nötig war. Papa Croft, der kurz vor seiner Pensionierung stand, arbeitete bei den Hughes Flugzeugwerken. Die Crofts waren nicht arm, aber sie investierten ihr Geld lieber in Menschen als in materiellen Besitztümern. Sie besaßen die seltene Gabe der Freigebigkeit; denn ihre Welt war so groß, daß sie immer Platz darin hatten für solche, die in Not oder bei anderen unerwünscht waren. Wie oft saß bei den Mahlzeiten ein Fremder mit am Tisch, und solche Gäste wußten auch, daß es die Liebe der Crofts zu Christus war, der sie diese Wohltat verdankten.

Hier fand ich zum ersten Mal seit Monaten wirklich Ruhe. Hier fand ich Zuflucht vor Streit und Disharmonie. Hier würde es keine unerwarteten und schrecklichen Überfälle auf mich geben. Daneben aber lernte ich auch, mein Vertrauen nicht auf diese Familie oder auf eine menschliche Situation zu setzen. Ich fürchtete keineswegs, daß wieder etwas schief gehen könnte. Vielmehr war es das Bewußtsein, daß Gott für mich sorgte und daß ich ihm vertrauen konnte, daß er auf wunderbare Weise sich um mich kümmerte.

Es wurde mit der Zeit immer offensichtlicher, daß das Kind in mir wuchs. Doch gleichzeitig mit diesem Wachstum wuchs auch die Liebe zu Christus in mir. Seit der Gebetsnacht in jenem zentralkalifornischen Motelzimmer hatte sich mein Verlangen vermehrt, Christus besser zu kennen und seinen Willen zu tun. Ich spürte, wie seine Liebe eine Zufriedenheit in mir bewirkte, die ich früher nicht gekannt hatte. Ich bemerkte auch eine stille Erwartung in mir: Was wird Gott angesichts meiner Umstände tun? Trotz meiner Not wegen der unerwünschten Schwangerschaft verspürte ich keine Neigung mehr, Gott dafür verantwortlich zu machen. Vielmehr war er im Begriff, aus einer häßlichen Situation etwas Schönes zu machen.

Das Kind in meinem Inneren wurde für mich mehr und mehr zu einer richtigen Person. Ich beschäftigte mich mit ihm: Wie wird es wohl aussehen? Was für eine Persönlichkeit und was für ein Temperament, welche Interessen wird es haben? Würde es später Gott auch so lieben wie ich? Ich stellte fest, daß ich dieses Kind wirklich haben wollte, und ich wünschte ihm das Beste für sein Leben.

Eines Abends las ich in Psalm 139: „Du hast mich gebildet im Mutterleibe. Ich danke dir, daß ich wunderbar gemacht bin; wunderbar sind deine Werke... Es war dir mein Gebein nicht verborgen, als ich im Verborgenen gemacht wurde, als ich gebildet wurde... Deine Augen sahen mich, als ich noch nicht bereitet war, und alle Tage waren in dein Buch geschrieben, die noch werden sollten und von denen noch keiner da war" (Ps.139,13-16).

Solche Worte zeigten mir, daß dieses Kind kein Fehler war. Es war kein „illegitimes" Kind. Wohl war eine illegitime Handlung geschehen. Aber das daraus in mir entstandene Leben war nun in den Händen Gottes. Es gibt keine illegitimen Geburten, wenn es Gott ist, der das Leben erschafft. Gott hat alles menschliche Leben legitim gemacht, ungeachtet der mit der Zeugung verbundenen Umstände.

Bald nachdem ich zu den Crofts gezogen war, übernahm

ich eine leitende Funktion in der Ledigengruppe. Eigentlich war es eine wahnwitzige Vorstellung, daß eine Schwangere die Leiterin der Ledigengruppe war! Nur wenige in der Gruppe wußten, daß meine Schwangerschaft die Folge einer Vergewaltigung war, und bei keinem bemerkte ich eine richtende Haltung. Ebensowenig wurde ich von älteren Gläubigen zu einem Bekenntnis gedrängt, das ihre Neugier hätte befriedigen können. Statt dessen erwiesen mir alle um Jesu Liebe willen selber Liebe, so daß in mir das Verlangen nur noch größer wurde, ganz für Jesus Christus zu leben.

Mit Hilfe der Gemeinde lernte ich viele praktische Lektionen. Die Bibel begann für mich immer mehr voller Leben zu werden, sogar das Alte Testament. Ich konnte nicht genug biblische Geschichten lesen von Männern und Frauen, die gelitten und Gottes Wirken gesehen hatten. Eine der bedeutungsvollsten Geschichten für mich war diejenige von Joseph. Was der durchgemacht hatte! Dieser unschuldige junge Mann war ein Opfer von Umständen geworden, über die er absolut keine Kontrolle besaß. Weil Joseph das Lieblingskind seines Vaters Jakob war, verschworen sich Josephs eifersüchtigen Brüder gegen ihn und verkauften ihn an ein paar vorbeiziehende Händler, die ihn nach Ägypten mitnahmen.

Armer junger Joseph! Er wußte kaum, wie ihm geschah. Durch das verbrecherische Verhalten seiner eigenen Brüder wurde er zum Sklaven. Wie hatte das den Augen Gottes entgehen können? Hatte Gott damals geschlafen, oder war er auf Urlaub gegangen? Ganz bestimmt konnte er nichts zu tun gehabt haben mit einer solchen Sache!

Aber es wurde noch ärger. Joseph leistet seinem Herrn vorzügliche Dienste, und alles ging gut, bis die Frau seines Herrn ihn der Verführung beschuldigte. Die folgenden Jahre schmachtete Joseph im Gefängnis und entwickelte seine Gabe, die Bedeutung von Träumen zu erkennen.

Dann kam der Tag, an dem Pharao nach der Deutung eines Traumes verlangte, der ihn stark beunruhigte. Joseph war der einzige, der zu einer Deutung fähig war. Joseph wies den

Herrscher darauf hin, Ägypten werde zuerst sieben fette Jahre und anschließend sieben Jahre voller Hungersnot erleben. Er empfahl dem Pharao, während der sieben guten Jahre einen Vorrat für die Hungerjahre anzulegen. Pharao war so beeindruckt, daß er Joseph zum Verantwortlichen für diese Vorsorgeaktion machte und ihn zum zweitmächtigsten Mann im Lande ernannte.

Und gerade da wollte Gott Joseph haben. Was sollte ich da noch sagen? Gott war nicht der Urheber all des Schlechten gewesen, das Joseph widerfuhr, aber er ließ die Umstände zu, um sie in seinen weisen Plan zu integrieren.

Um das besser zu begreifen, stellte ich mir Gott vor, wie er einen göttlichen Computer bedient. Ein Computer kann nur so gut arbeiten, wie die eingegebenen Informationen gut sind. Wie in Josephs Fall, waren meine Informationen beschränkt, aber Gott hatte alle Fakten. Er ist nie schockiert oder überrascht durch unsere Probleme. Er wußte, auf welche Weise Josephs Probleme in das Gesamtbild paßten, und Joseph war willig, Gott das alles koordinieren zu lassen.

Joseph erkannte den Zweck all seiner Prüfungen nicht eher, bis seine Brüder in der Hungersnot zu ihm kamen und um Korn baten — wahrscheinlich zwanzig Jahre nach dem Verkauf ihres Bruders. Das wäre eine Gelegenheit für ihn gewesen, sich zu rächen. Aber statt dessen sagte er zu seinen Brüdern, nachdem er sich ihnen offenbart hatte: „Nun seid nicht bekümmert, und werdet nicht zornig auf euch selbst, daß ihr mich hierher verkauft habt! Denn zur Erhaltung des Lebens *hat Gott mich vor euch hergesandt*" (1. Mose 45,5).

Wichtig war für mich, daß nicht Gott, sondern Josephs Brüder für diese üble Sache verantwortlich waren. Joseph erkannte diese Tatsache; aber ihm war auch bewußt, daß Gott nicht wehrend eingegriffen hatte, weil er nämlich damit etwas vorhatte. „Gott hat mich vor euch hergesandt", sagte Joseph. Später, nach dem Tode seines Vaters und als sich seine Brüder vor seiner Rache fürchteten, gab er eine treffende Zusammenfassung: „Ihr zwar gedachtet mir Böses zu tun, aber Gott hat es zum Guten gewendet, daß er täte, was jetzt am Tage ist..." (1. Mose 50,20).

Welch ein nachahmenswertes Beispiel! Anstatt darüber nachzugrübeln, wer die Schuld an meinen Umständen trug, war es für mich viel wichtiger, mir klarzumachen, daß Gott einen Plan hatte. Es gab einen Zweck für meine Schmerzen. Obwohl mein Gewalttäter mir Böses zugefügt hatte, würde Gott es irgendwie zum Guten für mich wenden. Als ich endlich in der Lage war, zu akzeptieren, daß mein Zustand — trotz des Bösen, das ihn herbeigeführt hatte — mir zum Besten dienen würde, konnte ich mich entspannen. Gott war dabei, das mir angetane Böse zum Guten zu wenden.

Ich las eine weitere alttestamentliche Stelle, die diese Wahrheit bestätigt: „Ich weiß, was für Gedanken ich über euch hege, spricht der Herr, Gedanken zum Heil und nicht zum Unheil, euch eine Zukunft und Hoffnung zu gewähren" (Jeremia 29,11).

Ich mußte diese Verheißung glauben, auch wenn ich keine vollständige Vorstellung davon hatte, was Gott tun würde.

Wie sah also meine Reaktion aus? Vorher hatte ich Gott die Frage vorgeworfen: „Warum ich?" Gott hatte mir geantwortet: „Warum denn *nicht* du?" Und ich hatte gemerkt, daß niemand von Problemen verschont bleibt. Jetzt hieß meine Frage: „Herr, willst Du mir damit Dein Vertrauen erweisen?" Es handelte sich schließlich nicht um einen Unfall, der seiner Aufmerksamkeit entgangen war. Er hatte beschlossen, mich mit diesem Problem *betrauen* zu können. Er gab sein Ja dazu, ohne von mir zu erwarten, daß ich alleine damit fertig wurde. Er war bei mir.

Wenn Gott meinte, mich mit dieser Schwangerschaft betrauen zu können, dann wollte ich darauf vertrauen, daß er auch darin seinen Plan mit meinem Leben verfolgte, nicht zu meiner Zerstörung, sondern zu meinem Nutzen. Ich wollte glauben, daß diese meine mißliche Lage mir zu mehr geistlicher Reife verhalf. Ich mußte mich einfach nicht als ein Opfer, sondern als eine Betraute betrachten und Gott die weitere Entwicklung überlassen.

Eines Sonntagmorgens verwendete der Pastor zwei Predigtbeispiele, um zu erklären, was es heißt, auf Gott zu vertrauen. Das erste Beispiel handelte von einem Manne, der eine Arbeit auf seinem Hausdach verrichtete, als er plötzlich ausglitt und sich gerade noch mit seinen Fingern an der Dachrinne festklammern und den Sturz in die Tiefe verhindern konnte. Er schrie: „Gott, ist da droben jemand, der mir helfen kann?" Eine Stimme kam vom Himmel zurück: „Vertraue auf Mich und laß los." Der Mann überlegte kurz und schrie dann wieder: „Ist da droben jemand, der mir helfen kann?"

Der Pastor hob hervor, daß wir alle eine Neigung besitzen, uns an Dingen festzuklammern und uns zu weigern, loszulassen und Gott zu vertrauen. Doch gerade durch das Festhalten an solchen Dingen sind wir Gefangene.

Das zweite Beispiel handelte davon, wie man Affen im Urwald fängt. Um ihre Neugier wissend, höhlen die Fänger eine Kokosnuß aus und füllen sie mit einem Lieblingsfressen der Affen. Findet der Affe die Kokosnuß, greift er mit seiner Hand hinein, um den Leckerbissen herauszuholen. Er bringt aber seine Faust nicht mehr aus dem Loch heraus, wenn er sie nicht öffnet und den Leckerbissen losläßt. Unweigerlich hält er den leckeren Fund mit seiner Hand umschlossen und wird nun eine leichte Beute seiner Fänger.

Diese zwei Illustrationen halfen mir einzusehen, daß ich mich nicht mehr an mein Leben, einschließlich meine zerbrochenen Träume der Vergangenheit und meine Hoffnungen für die Zukunft, festklammern durfte, sondern Gott in den Mittelpunkt meiner Erwartungen stellen sollte. Indem ich das dann auch tat, empfand ich eine ganz neue Freiheit. Es war, als hätte Gott bei der Beantwortung meiner Fragen ein weiteres Teilchen in das Puzzle meines Leben eingefügt.

Ich war gerade im siebten Monat schwanger, als ich während der Weihnachtszeit in Händels „Messias" mitsang. Diese wunderbare Musik bekam für mich eine ganz neue Bedeutung. Als der Solotenor sang: „Alle Täler sollen erhöht werden, und alle Berge und Hügel sollen erniedrigt werden", mußte ich einfach lächeln, denn ich spürte, daß das genau dem entsprach, was ich gegenwärtig erlebte. Als dann der Chor sang: „Er wird seine Herde weiden wie ein Hirte. Er wird die Lämmer in seine Arme sammeln und in seinem Busen tragen und die Schafmütter führen", da durchdrang mich ein warmes Gefühl, denn das tat der Gute Hirte auch für mich. Es war seltsam, aber nichtsdestoweniger wahr: Inmitten einer Situation, die mein Leben wohl hätte zerstören können, schenkte Gott mir wirklich seinen Frieden.

Ein weiterer wichtiger Moment kam für mich nach Neujahr. Ich war bei mehreren Taufgottesdiensten dabeigewesen und konnte es einfach nicht recht glauben, daß man Menschen richtig ins Wasser tauchte, anstatt sie nur mit ein paar Tropfen zu besprengen. Dennoch hatte ich schließlich den Taufunterricht besucht und erkannt, daß eine solche Taufe klarer biblischer Lehre entsprach. Da ich die Bibel zur Richtschnur meines Lebens gemacht hatte, entschloß auch ich mich zu diesem Schritt. Im achten Monat schwanger, legte also diese Leiterin der Ledigengruppe in der Taufe das öffentliche Bekenntnis ab, daß ihr altes Leben weggewaschen und sie neues Leben in Christus bekommen hatte. Die Taufe bedeutete auch eine öffentliche Erneuerung meiner Hingabe an Gott.

Die geistlichen Erkenntnisse, die ich in der Gemeinde gewann, sowie die in Crofts Haus ausgelebte Liebe Gottes machten mir so richtig bewußt, wie sehr ich wünschte, daß mein Kind in einer gläubigen Umgebung aufwuchs. Ich mußte einsehen, daß ich dem Kind nicht das Zuhause bieten konnte, das es brauchte. Es brauchte einen fürsorglichen Vater und eine ebensolche Mutter. Ich selber war ja gar nicht in der Lage, auch nur die nötigsten Voraussetzungen für ein solches Zuhause zu bieten. Im Gebet wurde mir klar, daß mir keine andere Wahl blieb als die, mein Kind zur Adoption freizugeben.

Es bedurfte verschiedener Gänge zur Adoptionsbehörde, zahlreiche Formulare mußten ausgefüllt werden, und mehrere Gespräche mit Sozialfürsorgern fanden statt. Bei alledem fragte ich mich, ob mein Wunsch, das Kind in einer christlichen Familie aufwachsen zu lassen, Schwierigkeiten bereiten würde. Aber dann ließ ich diese Sorge fahren und vertraute darauf, daß die Adoptionsbehörde meinem Wunsche automatisch entsprechen werde.

7. Kapitel

Das Natürliche und das Übernatürliche

Irgendwie herrschte eine gespannte Atmosphäre auf der Adoptionsbehörde, die ich bei jedem meiner Besuche spürte. Schuld daran war wohl vor allem, daß in der Enge des alten Gebäudes mit seinen abgenützten Einrichtungen Büros verschiedener Sozialinstitutionen zusammengepfercht waren, und das alles zusammen ließ in den Besuchern unwillkürlich das Gefühl aufkommen, ein Verlierer zu sein.

Wenn man den großen Warteraum betrat, nahm man eine Nummer und setzte sich wartend auf eines der abgewetzten Sofas. Wurde dann die betreffende Nummer ausgerufen, bekam man einen bestimmten Sozialarbeiter zugewiesen, der einem eine Anzahl Formulare zum Ausfüllen in die Hand drückte. Dann war man zu ein oder zwei weiteren Stunden des Wartens verurteilt, bis der Sozialarbeiter — meistens war es eine Frau — wieder Zeit für einen hatte. Bei der Frau, die mir zugeteilt worden war, handelte es sich um eine feste, autoritäre Person mit unverkennbarem südlichen Akzent. Sie trug eine militärische Haltung zur Schau, als wäre sie ein Oberst im Dienst. Ihr finsterer Gesichtsausdruck schien zu sagen: „Hier wird nicht gespaßt. Keine Ausnahme. Wenn du mir keine Schwierigkeiten machst, werde ich deinen Fall so schnell wie möglich erledigen."

Irgendwie kamen sich wohl die meisten der wartenden Menschen wie Rohmaterial vor, das auf eine Produktionsstraße zur Bearbeitung geschoben wurde. Ich selber teilte dieses Gefühl allerdings gar nicht. Andere mochten mich als Verlierer betrachten, ich selbst nicht. Noch vor ein paar Monaten hätte ich mich eingeschüchtert gefühlt, aber jetzt war ich voller Zuversicht und spürte den Frieden des Herrn, während ich durch den ganzen frustrierenden bürokratischen Prozeß hindurchgeschleust wurde.

Einige der Formulare waren leicht auszufüllen, andere wiederum unmöglich. Auf einem der Formulare wollte man Einzelheiten über den familiären Hintergrund von Vater und Mutter wissen, außerdem Nationalität, Geburtsorte, Adressen, Geschwister, Ausbildung, künstlerische und sportliche Fähigkeiten, Krankengeschichte, Berufserfahrungen, militärisches Zeugnis und so weiter. All das sollte wohl der Adoptionsbehörde dabei helfen, das Kind in die richtige Familie zu geben. Auf den Formularen mußte man bei mehreren möglichen Antworten das richtige Kästchen ankreuzen. „So, das kommt jetzt alles in den Computer", verkündigte die Sachbearbeiterin stolz. Mir war nicht klar, was so ein Computer alles konnte, wunderte mich aber, wie eine solche archaische Institution überhaupt so ein modernes Ding bedienen konnte.

Bei der Frage nach dem Vater des Kindes auf dem Formular konnte ich nichts als seinen Namen ausfüllen. Erstaunlicherweise schien das die Sachbearbeiterin gar nicht zu stören. Vielleicht war sein Name in dem Computer gespeichert, der noch eine Menge anderer Informationen über diesen Mann enthalten mochte. Wenn ja, so wurde mir jedenfalls nichts darüber mitgeteilt.

Was die Angaben über meinen eigenen Vater betrafen, so erwähnte ich nichts von seiner Trunksucht. Ich wußte nicht, was mein Kind später über mich erfahren würde. Warum sollte ich also etwas aufschreiben, das nur unnötiges Leid verursachte?

An einer Stelle des Formulars wurde nach meiner Religion gefragt. Ankreuzen konnte man katholisch, protestantisch, jüdisch oder konfessionslos. Bei meiner ersten Unterredung mit dem „Oberst" hatte sie das betreffende Formular überflogen, um sich zu vergewissern, daß alles ausgefüllt war. Dabei hatte sie bemerkt: „Sie haben nicht angekreuzt, in welchem Glauben Sie Ihr Kind erzogen haben möchten." Sie gab mir das Formular zurück und wies auf die verschiedenen Möglichkeiten hin. „Wollen Sie es katholisch, protestantisch, jüdisch oder ohne Religion erziehen lassen?" fragte sie gedehnt. „Ich möchte, daß mein Kind als bibelgläubiger Protestant erzogen wird", gab ich zur Antwort. So wie sie mich anschaute, wußte ich augenblicklich, daß die Angelegenheit heiß war. „Ein solches Kästchen gibt es aber nicht, Mädchen. Sie müssen sich für eine der angegebenen Möglichkeiten entscheiden. Machen Sie mir die Sache nicht schwer."

Ich mußte mich also entscheiden. Im Moment hatte ich dieses „erwünschte" Kind noch unter meiner Verantwortung, und sicher wollte Gott von mir, daß ich alles tat, damit das Kind die beste Pflege bekam. Da die einzigen mir bekannten Menschen, die wirklich Liebe ausstrahlten, zu einer bibelgläubigen Gemeinde gehörten, schien es mir nur natürlich, das Kästchen hinter „protestantisch" anzukreuzen. Am unteren Seitenrand fügte ich hinzu: „Vorzugsweise Baptist oder eine bibelgläubige Familie" und zeichnete einen großen Pfeil vom Kästchen bis zu meiner Anmerkung unten.

Die Frau hob beim Lesen dieses Wunsches verärgert die Augenbrauen. Das war mehr Präzisierung, als ihr System dulden konnte. Ob sie wohl glaubte, ich wollte sie herausfordern, oder hielt sie mich für arrogant und streitsüchtig? Vielleicht gab sie mir jetzt ein vages Versprechen, die Sache weiterzuleiten, gleichwohl wissend, daß es nichts nützte?

„Es geht nicht, daß Sie hier eine solche Zusatzbemerkung anbringen", belehrte sie mich. „Wir sind jetzt auf dem Computer. Streichen Sie also diesen ‚Vorzugsweise'-Quatsch durch. Sie dürfen nur eines dieser Kästchen ankreuzen."

„In diesem Fall unterschreibe ich das Formular nicht. Ich überlasse mein Baby nicht einem Lotteriespiel. Ich werde alles für das Kind tun, was ich kann."

Sie starrte mich einen Augenblick an und schmetterte dann den Aktendeckel zu. „Wir sprechen darüber noch das nächste Mal." Und vor sich hinbrummelnd, notierte sie auf einem Kärtchen meinen nächsten Termin und entließ mich.

Die folgenden Tage dachte ich viel über diese Konfrontation nach. Ich mußte daran denken, wie Pontius Pilatus Jesus mit seiner Autorität beeindrucken wollte, ein klein wenig so, wie mich die Sozialarbeiterin einzuschüchtern meinte.

Jesus hatte geantwortet: „Du hättest keine Macht über mich, wenn sie dir nicht von oben her gegeben wäre" (Johannes 19,11). Jesus war nicht streitsüchtig, sondern er sprach einfach eine Tatsache aus. Ich wurde zuversichtlich, daß diese Frau nicht die Macht hatte zu diktieren, wo das Baby plaziert wurde.

Aber worin bestand eigentlich meine Verantwortung?

Auf der Suche nach einer Antwort las ich wieder die Geschichte von Mose, über die wir ein paar Wochen vorher in der Bibelstunde diskutiert hatten. Das 2. Buch Mose beginnt mit der Schilderung der Sklaverei der Kinder Israels in Ägypten. Je mehr die Ägypter die Israeliten unterdrückten, desto stärker vermehrten sie sich. Um dieser Bevölkerungsexplosion entgegenzuwirken, ordnete der Pharao an, alle männlichen Neugeborenen in den Nil zu werfen, ähnlich der Praxis der Ägypter mit ihren eigenen, mit Geburtsfehlern behafteten Kindern.

Unter solchen Umständen wurde eine Frau namens Jochebed schwanger — ein eher unerwünschter Zustand zu jener Zeit. Sie brachte einen Knaben auf die Welt, und es gelang ihr, ihn drei Monate lang zu verstecken. Wie alle Mütter, hielt sie ihr Kind für das schönste von allen. Sie mußte gewiß großen Glauben gehabt haben, denn sie mißachtete die Anordnung des Königs und widerstand Pharaos Macht. Als sie ihren Sohn nicht länger verborgen halten konnte, legte sie ihn in ein wasserdichtes Korbgefäß und versteckte ihn im Schilf des Nilufers. Als letzte Vorsichtsmaßnahme hieß sie ihre Tochter Mirjam sich in der Nähe aufhalten.

Bis dahin hatte Jochebed alles in ihrer Macht Stehende getan, und sie vertraute darauf, daß Gott auf wunderbare Weise das Übrige tat. Und so geschah es, daß Pharaos Tochter sich mit ihrem Gefolge zum Fluß hinunterbegab, um zu baden, und dabei wurde der Korb entdeckt. Als die Prinzessin den Korb öffnete und das schreiende Kind sah, hatte sie Mitleid mit ihm und erkannte in ihm ein Hebräerkind. Mirjam beobachtete das alles, sicher nicht ohne Furcht. Sie trat herzu und schlug vor: „Soll ich gehen und eine Hebräerin holen, die das Kind für Sie pflegt?" Die Prinzessin war einverstanden, und so ging Mirjam und holte ihre Mutter herbei. Pharaos Tochter wies Moses Mutter an, das Kind zu nehmen und sich darum zu kümmern. Dafür versprach sie Jochebed sogar materielle Entschädigung.

Das war unglaublich! Nachdem Moses Mutter alles Erdenkliche getan hatte, gab sie Gott eine Gelegenheit zu wirken, und Gott griff wunderbar ein. So wurde sie sogar für die Pflege ihres eigenen Kindes finanziell belohnt! Als Mose entwöhnt war, wurde er zur weiteren Erziehung in den Palast genommen. Hier sorgte die reichste und mächtigste Familie im Land — und Feinde des auserwählten Volkes Gottes — für die Erziehung und Ausbildung des zukünftigen Befreiers von Israel. Wie könnte man die Geburt, die Rettung und die Erziehung von Mose anders bezeichnen als das Werk der vorausschauenden Fürsorge Gottes?

Diese Geschichte vom Glauben der Mutter Moses verlieh mir großen Mut und stärkte meinen Glauben. Die Mutter hatte ihr Kind nicht dem Schicksal überlassen. Sie gab vor der furchterregenden Macht Pharaos nicht klein bei. Sie ließ sich nicht durch eventuelle Kritik anderer Frauen von ihrem Vorhaben abbringen. Sie kalkulierte nicht das mit der Rettung ihres Sohnes verbundene Risiko, um dann den leichteren Weg zu gehen. Sie wich keinem Druck, sondern übergab ihr Kind der Obhut Gottes. Sie tat das *Natürliche* und gab Gott die Möglichkeit, das *Übernatürliche* zu tun.

Moses Mutter setzte ihre eigene Sicherheit aufs Spiel, um das zu tun, was sie für richtig hielt, und für das Ergebnis vertraute sie auf Gott. Sie tat ihre Pflicht, so gut sie konnte. Ich beschloß, ihrem Beispiel zu folgen. Ich wollte mein Kind auch nicht dem Schicksal überlassen. Ich würde nicht dem Druck einer einschüchternden Bürokratie nachgeben. Ich würde alles unternehmen, damit dieses Kind in einer gläubigen Familie aufwachsen konnte, und es dann Gottes Fürsorge überlassen. Vielleicht würden meine Bemühungen nichts fruchten. Vielleicht würde der den Computer Bedienende meine Bedingung dem Computer überhaupt nicht eingeben. Ich würde es nicht einmal erfahren. Doch wenn ich alles tat, was in meinen Kräften stand, war ich auch bereit, Gott dafür zu vertrauen, daß auch er es zur richtigen Familie bringen wollte.

Bei der nächsten Besprechung mit meinem „Oberst-Sachbearbeiter" starrte sie mich an und fragte: „Nun, wollen Sie mir auch heute Probleme machen?"

Mit meinem breitesten Lächeln entgegnete ich ihr: „Nicht, solange diese Bemerkung auf dem Formular stehen bleibt, daß mein Kind in eine bibelgläubige Familie kommen soll."

Sie blickte mich böse an, und ich starrte zurück. „Unterschreiben Sie hier!" forderte sie mich schließlich mit barschem Ton auf.

Ich unterschrieb das Antragsformular samt meiner Bemerkung und atmete erleichtert auf. Geschafft!

Als ich an jenem Nachmittag das Büro verließ, empfand ich tiefe Befriedigung darüber, daß ich alles Menschenmögliche getan hatte. Vielleicht war es nicht viel, aber es gab keine Grenze für das, was Gott zu tun vermochte. Er konnte ebenso eingreifen wie im Leben von Jochebed und von ihrem Sohn Mose. Alles, was jetzt noch zu tun übrigblieb, war, das Kind zur Welt zu bringen.

Nicht lange nach meiner Unterzeichnung der Adoptionspapiere verspürte ich die ersten Wehen. Frühmorgens am 11. Februar 1964 rief ich nach Mutter Croft: „Ich glaube, es ist Zeit für mich, ins Krankenhaus zu gehen." Zehn Minuten später fuhren mich „Mom" und „Dad" ins Bezirkskrankenhaus. Es war kein großartiger Bau, vielmehr ein altes, graues Gebäude mit viel Geschäftigkeit in seinem Innern. Ich betrat es mit dem seltsamen Gefühl, daß ich hier ein kostbares Päckchen abgab, das mir nicht gehörte. Dies Kind gehörte dem Herrn. Er hatte seine Pläne mit ihm.

Ich lag sechzehn Stunden in den Wehen. Kurz vor der eigentlichen Geburt erhielt ich eine Narkose, und als ich ein oder zwei Stunden später aufwachte, war alles vorüber.

Ich wurde in eine große Stationsabteilung gerollt, wo ich auf das Resultat wartete. War es ein Junge oder ein Mädchen? War das Kind gesund? War es kahl, so wie ich noch ein Jahr nach meiner Geburt gewesen war? Würde ich es in den Armen halten können? Oder sollte ich es überhaupt in die Arme nehmen? Vielleicht würde das meine seelischen Kräfte übersteigen.

Ich sollte nicht lange im Ungewissen bleiben. Eine Krankenschwester teilte mir mit, ich hätte ein Mädchen geboren. „Es ist gesund", informierte sie mich in sachlichem Ton.

„Sie werden morgen früh entlassen. Irgendwelche Fragen?"

„Kann ich es sehen?"

„Nein, das würde nur Probleme bringen. In ein paar Tagen wird es in eine Familie kommen. So, und jetzt nehmen Sie diese Pillen, damit Ihre Brust keine Milch gibt."

Es schien mir nicht richtig zu sein, daß alles so abrupt enden sollte. Aber ich hatte es nicht mehr in meinen Händen. Ich war frei, mein Leben weiterzuleben. Als ob nichts geschehen wäre? „Das Kind ist tatsächlich wie Mose, Herr", betete ich. „Es ist wirklich in Deiner Hand. Du kannst eine ‚Pharao-Tochter' für meine Tochter besorgen." Meine Gefühle waren ziemlich durcheinander, und ich mußte mich ständig daran erinnern, daß dies das Beste für das Kind war.

Am nächsten Morgen holte mich Mamma Croft ab, und die folgenden zwei Tage schlief ich zum größten Teil. Am Abend des zweiten Tages saß ich zusammen mit Mom und Carol in der Küche, und wir sprachen über meine Zukunft. „Ich werde morgen wieder arbeiten gehen", gab ich bekannt. „Bist du sicher, daß du das schon kannst?" fragte Mom zweifelnd. „Ja, das Beste für mich ist, zu einem normalen Leben zurückzukehren. Jetzt passe ich jedenfalls besser in die Ledigengruppe als vorher! Doch im Ernst, ich habe viel über meine Zukunft nachgedacht. Zwei in unserer Ledigengruppe, Winnie und Rosalie, meinen, ich hätte Führungsqualitäten und daß ich mich mehr ausbilden sollte. Sie haben mir angeboten, das erste Bibelschuljahr zu finanzieren."

„Und — wirst du es machen?" wollte Carol wissen.

„Ich werde mich am Bibelseminar von Los Angeles — jetzt Biola — bewerben. Bis dann werde ich arbeiten. Ich dachte, ich werde eine Wohnung mit einem Mädchen der Ledigengruppe teilen, bis die Schule anfängt."

„Du weißt, daß du hier immer willkommen bist, wenn du eine gute Mahlzeit brauchst", sagte Mom.

„Ich weiß. Ich werde dich in der Gemeinde sehen, und wir bleiben miteinander in Verbindung. Ich werde nie die Liebe vergessen, die ihr mir erwiesen habt."

Ich mußte für einen Augenblick innehalten, um der Gefühlsaufwallung Herr zu werden, die sich meiner plötzlich bemächtigte.

„Ihr wißt, ich habe von euch und aus meiner Situation eine Menge gelernt. Ich habe festgestellt, daß es am Anfang ziemlich schwer ist, nach dem Willen Gottes zu handeln, aber dann wird es leicht und bringt großen Frieden. Dagegen ist es leicht am Anfang, die falschen Entscheidungen zu treffen, und die Schwierigkeiten und Komplikationen kommen dann erst hinterher und mit ihnen auch die Reue. Ich danke euch für alle Hilfe, die richtigen Entscheidungen zu treffen — die Entscheidungen, die dem Willen Gottes entsprechen."

Während ich wieder zu arbeiten anfing, war es gar nicht leicht, die Erinnerung an mein Baby zu begraben. Ich mußte mich trösten, indem ich mir zuredete: „Du wirst noch andere Kinder haben, Lee. Dies wird nicht das letzte sein." Wenn ich für mein Kind betete, war es mein größtes Anliegen, daß es auch Jesus Christus kennenlernen möge. Dieses Gebet verschaffte mir innerlich eine gewisse Erleichterung. Ich fühlte, ich hatte mein Bestes getan und konnte den Rest dem Herrn überlassen. Mit dieser Gewißheit erlangte ich ein gewisses Maß an Befriedigung.

Immer wenn ich in den folgenden Wochen in einem Park oder in einem Geschäft eine Mutter mit ihrem Baby sah, fragte ich mich, ob es wohl mein Mädchen wäre. Wenn die Sehnsucht in meinem Herzen nach ihr zunahm, betete ich gewöhnlich für das Kind und seine Adoptiveltern und sagte mir, es sei ja nicht mein, sondern des Herrn Baby. Es war sein Gedanke gewesen, sie zu erschaffen, nicht der meine, und von jetzt an sorge er für sie. Eines Tages, so dachte ich, werde ich mein eigenes Kind haben — unter normalen Umständen. Vielleicht würde es auch ein kleines Mädchen sein. Dann würde ich es auf die Weise aufziehen, die mir jetzt versagt war.

Ich konnte mich nie der Tatsache entziehen, daß ein Teil von mir fehlte. Doch seltsamerweise empfand ich keinen Drang, diese Lücke in meinem Leben zu füllen. In gewissem Sinne brauchte sie auch nicht ausgefüllt zu werden; denn während das Kind in mir wuchs, hatte Gott die Lücke mit seinem Trost überdeckt. Ich dachte an einige der Stücke, die er schon eingefügt hatte. Die Lektion der Vergebung in jenem kargen Hotelzimmer war eines der hauptsächlichsten. Ein anderes war die Notwendigkeit, in meinen Umständen Dank zu sagen. Dann folgte die Erkenntnis, daß nichts an Gott ohne seine Zustimmung vorbeigeht und daß sogar ein anscheinendes Unglück in seinen Plan hineinpassen kann. Ich hatte auch gelernt, meine Probleme dem Herrn zu übergeben und ihn wirken zu lassen, nachdem ich alles getan hatte, was ich in menschlicher Hinsicht tun konnte.

Es ist wahr, ein Teil von mir begehrte, meine Tochter zu sehen, herauszufinden, wie sie sich entwickelte und auf welche Weise Gott für sie sorgte. Doch mir wurde auch bewußt, daß sogar dann, wenn ich sie nie sehen sollte, Gott die Leere in meinem Leben ausfüllen würde.

Eine Bestätigung dieser Wahrheit erhielt ich durch ein Traktat, das ich in meiner Gemeinde am Anschlagbrett entdeckte. Darin war die Rede von Gott, wie er einen Teppich webt, von dem wir nur das wirr erscheinende Fadenwerk der Unterseite sehen; wie auch die dunklen Fäden ebenso wichtig sind für das Muster wie die silbernen und die goldenen, und wie Gott eines Tages uns das fertige Webwerk mit dem vollkommenen Muster auf der Oberseite enthüllen und uns alles erklären wird. Das war mein Trost. Es gab einen meisterlichen Plan.

Ein Kapitel meines Leben war zu Ende, aber Gott sah das ganze Bildmuster und wie auch diese Episode da hineinpaßte. Mein Gebet war, daß er mir eines Tages erlauben würde, einen Blick auf das Muster von oben her werfen zu dürfen.

8. Kapitel

Der Prinz taucht auf

Hal Ezell war ein flott gekleideter Mann; sein moderner Stil stand in starkem Gegensatz zu meiner „Jungfern-Erscheinung". Mit meiner aus Billigeinkäufen stammenden Garderobe konnte ich da nicht mithalten. Das glänzende Weiß seiner teuren Lederschuhe und seines Gürtels sprach mich allerdings weniger an, als ich ihn an der Konferenz in der Lobby eines Hotels in einem Vorort von Miami begrüßte. Dennoch bot er eine gute Erscheinung und strahlte Charme aus, und mir entging auch nicht sein Augenzwinkern, während wir zusammen sprachen. Er war von Los Angeles an die Bibelkonferenz gekommen, die im Frühling 1973 durchgeführt wurde und bei deren Organisation ich mithalf.

Erst zwei Wochen vorher hatte unser Büro erfahren, daß Hals Frau Wanda als Notfall in ein Krankenhaus eingeliefert worden und innerhalb von vierundzwanzig Stunden gestorben war. Sie hinterließ zwei Töchter, zehn und dreizehn Jahre alt. Die Todesursache war Hautkrebs gewesen. „Wir haben für Sie gebetet", sagte ich zu ihm, als ich mich ihm vorstellte.

Hal zeigte sich dankbar für meine Anteilnahme und lud mich zu einem Imbiß im Café ein. „Viele Leute im ganzen Land haben für uns gebetet", erzählte er mir, während wir ein Sandwich verzehrten. „Ich glaube nicht, daß wir es ohne diese Gebete durchgestanden hätten."

„Um ehrlich zu sein, ich mußte immer wieder an Sie denken", gestand ich und spürte, wie bei diesen Worten eine warme Röte mein Gesicht überzog. Hal und ich waren uns schon einmal kurz begegnet, und zwar an einer anderen Konferenz in Südkalifornien, kurz vor dem Tode seiner Frau. Hal war langjähriger Vizepräsident einer landesweiten Schnellimbiß-Kette und auch in christlichen Aktivitäten engagiert. Durch seine Expertisen auf dem Gebiet Management und Unternehmensberatung hatte er sich den Ruf eines hervorragenden Geschäftsmannes erworben. Er hatte bei den Vorbereitungen jener Konferenz mitgeholfen, und seine Frau hätte die Orgel spielen sollen, hatte aber in letzter Minute wegen ihrer Krankheit absagen müssen.

Nach dem Bekanntwerden seiner Familientragödie im Büro in Florida hatte ich zu Gott gebetet, sich dieses Mannes mit seinen beiden Töchtern in besonderer Weise anzunehmen. Doch allmählich hatte sich aus meiner Anteilnahme eine persönliche Sympathie entwickelt. Trotz meines verstandesmäßigen Sträubens konnte ich den Gedanken nicht loswerden, daß Gott vielleicht etwas mit uns vorhaben könnte. Nun, soviel wollte ich ihm auf keinen Fall erzählen.

Hal nahm mir das Eingeständnis meiner Anteilnahme keineswegs übel, im Gegenteil — er lud mich für den Abend nach der Konferenzeröffnung ein, mit ihm essen zu gehen. Den Rest des Tages kämpfte ich gegen widersprüchliche Gefühle an. Ich war achtundzwanzig und im Reiche Gottes engagiert. Auch nach zehn Jahren selbständiger Lebensweise hatte ich die Hoffnung noch nicht aufgegeben, eines Tages meinem „Prinzen" zu begegnen; gleichzeitig hatte ich mich aber auch ohne Mühe mit der Möglichkeit abgefunden, ledig zu bleiben.

Jahrelang hatte ich einen beständigen Kampf gegen eine zynische Einstellung zur Ehe kämpfen müssen. Nicht zuletzt fühlte ich mich auch um meine Jungfräulichkeit und um die Gelegenheit betrogen, einem Ehemann mein erstes Kind zu schenken. Ich konnte mir auch vorstellen, daß mich meine

Vergangenheit in den Augen dieses Mannes als Ehefrau disqualifizieren würde, wenn ich ihm gegenüber ehrlich war.

Nachdem ich 1969 nach Florida gezogen war, um dort in einer Gruppe mitzuarbeiten, welche Bibelkonferenzen organisierte, hatte ich es aufgegeben, nach einem Mann Umschau zu halten, einfach aus der Überlegung heraus, daß ja doch keiner auf eine Frau wie mich wartete. Zudem war mir nicht entgangen, daß es gar nicht ein so leichtes ist, eine glückliche Ehe zu führen, auch für die Hingegebensten nicht. Ich hatte viele unglücklich verheiratete Menschen in den Seelsorgeraum begleitet. Oft schienen ihre Probleme fast unüberwindbar, und die Überlebenschance ihrer Ehe war minimal.

Nun war ich meinem eventuellen „Prinzen-in-spe" begegnet, und er war durchaus nicht das, was ich mir vorgestellt hatte, auch nicht in meinen lebhaftesten Träumen. Er war acht Jahre älter als ich. Außerdem stand er nicht allein da, sondern hatte Kinder. Trotz meiner Anstrengungen, meine romantischen Gefühle für Hal zu unterdrücken, dauerten diese an. Gewiß, er entsprach nicht meiner Vorstellung vom „Prinzen", doch ich entdeckte, daß er ein charmanter Mann und flotter Kamerad war. Sein trockener Humor stand im Gegensatz zu meinem hanswursthaften Humor; dennoch schienen wir einander gut zu ergänzen.

Zu unserem verabredeten Essen gingen wir in ein schwach erleuchtetes Restaurant; die Kerzen auf den Tischen verbreiteten eine romantische Atmosphäre. Wir genossen den Abend so sehr, daß wir uns für ein weiteres Zusammensein verabredeten. Um ehrlich zu sein, schwänzten wir einen guten Teil der Konferenz und besichtigten die Sehenswürdigkeiten von Miami und probierten die besseren Restaurants aus.

Allerdings glich unsere Unterhaltung manchmal mehr einer sachlichen Befragung als einem romantischen Gedankenaustausch. Am zweiten Abend wollte er etwas über meine Kindheit wissen, und so erzählte ich ihm von meiner Jugend in der Stadt, von den Alkoholproblemen meines Vaters, von meiner Bekehrung im Billy Graham-Feldzug und von meinem Umzug nach San Franzisko.

„Haben Sie nach Ihrem Weggang von Philadelphia Ihren Vater je wiedergesehen?" fragte mich Hal.

„Nein, ich vernahm, daß er das Leben eines Clochard führte. Einmal habe ich ihm geschrieben, um ihm von meiner Verwandlung durch Christus zu erzählen und um ihn wissen zu lassen, daß ich ihm vergeben hatte. Aber er hat mir nie geantwortet. Dann rief mich eines Tages meine Mutter im College an und sagte mir, sie sei gerade von der Beerdigung meines Vaters zurückgekommen. Ich erfuhr auch, daß er die letzten Monate, schwer erkrankt an Leberzirrhose, noch mit Mutter zusammengelebt hatte. Doch das erzählte sie mir erst nach seinem Tode."

„Wo haben Sie das College besucht?"

„In Biola. Ich arbeitete, bevor ich auf diese Schule ging, und so war ich ein paar Jahre älter als die anderen in der Klasse. Ich blieb dort nur ein Jahr und arbeitete dann als Sekretärin in einer großen Kirchgemeinde. Das war wohl das beste für mich, denn auf diese Weise hatte ich die Gelegenheit, Erfahrungen in der Reichsgottesarbeit zu sammeln. Anstatt den ganzen Tag nur auf der Schreibmaschine herumzuhämmern, betreute ich einen Teil meiner Zeit Leute, die mit seelsorgerlichen Anliegen hereinkamen."

Während wir aßen, sagte ich, daß ich mich an eine frühere Begegnung mit ihm erinnerte — vor ein paar Monaten auf der Konferenz in Kalifornien. „Sie waren gerade beim Frühstück mit Ihren beiden Töchtern."

„Das war eine schwere Zeit. Meine Frau war schon ziemlich krank. Übrigens war Wanda Shows die Stiefmutter meiner Mädchen. Ihre leibliche Mutter war eine wunderschöne Frau namens Helen Gaffney. Sie starb an Hirntumor, als die Kinder drei und sechs Jahre alt waren. Ich heiratete dann Wanda, und sie half mir, die Kinder aufzuziehen, bis sie dann ja auch sehr plötzlich an Hautkrebs starb. Ich gebe zu, daß ich es immer noch nicht verkraftet habe."

„Seltsam", dachte ich, „das nächste Mädel, das diesen Burschen heiratet, sollte sich vorher erst gründlich untersuchen lassen!" Ich wechselte das Thema, indem ich ihn fragte: „Haben Sie Fotos von Ihren Mädchen?" Hal zog seine Brieftasche hervor und zeigte mir ein neues Foto der dreizehnjährigen Pam. Sie besaß ein gewinnendes Lächeln, lange braune Haare und einen zuversichtlichen Blick. Auf einem anderen Foto grinste mich Sandi an, ein zehnjähriges Mädchen, das sich erwachsen gab, einen breitkrempigen Hut trug und ein Kleid, das fast bis an den Boden reichte, dazu hochhackige Schuhe.

„Wo sind sie, wenn Sie von zu Hause fort sind?" erkundigte ich mich.

„Bei meinen Eltern. Mein Vater ist seit Jahren Pastor einer Gemeinde in der Gegend von Los Angeles Harbor."

Hal sagte ganz offen, er wolle wieder heiraten, hoffentlich aber das letzte Mal. „Und Sie sind ein attraktives Mädchen. Es überrascht mich, daß Sie noch kein Mann gekapert hat."

„Ich bin keineswegs bezaubert vom Gedanken an eine Ehe!" erwiderte ich betont.

Doch Hal schien das gar nicht zu hören, während er aufzählte, welche Eigenschaften in seinen Augen eine Frau haben müßte.

„Meine nächste Frau muß in meine Welt hineinpassen", sagte er. „Sie muß bereit sein, in unser altes Haus zu ziehen und sich an den Tagesablauf anpassen, an den wir gewöhnt sind. Sie muß die zwei Mädchen gern haben." Und nach kurzer Pause fügte er hinzu: „Auch ich werde sie lieben müssen."

Bei seiner Aufzählung stellte es mir ab, speziell weil ich ja schließlich keine Bewerbung eingereicht hatte. Doch da er einige Qualifikationen genannt hatte, glaubte ich, ihm auch meine Vorstellung von einem Ehemann zu sagen.

„Sollte ich je heiraten, möchte ich jemand heiraten, der im Reiche Gottes aktiv ist, wo ich meine Fähigkeiten beim Reden, bei der Seelsorge und bei der Musik einsetzen kann. Ich werde jedenfalls nicht auf der Zuschauerbank sitzen."

„Gut. Ich bin einverstanden", sagte er zustimmend. „Ich glaube, eine Frau sollte die ihr von Gott geschenkten Gaben gebrauchen, solange sie sich dadurch nicht von ihrer ersten Priorität ablenken läßt — von ihrem Mann und von ihrer Familie."

Der gute Mann verstand nicht. Dann dachte ich an etwas, das nicht zu Hals Vorstellung von der vollkommenen Frau passen würde. Am nächsten Tag tastete ich mich vorsichtig vor, indem ich sagte: „Ich muß offen mit Ihnen sein. Es gibt einen Abschnitt in meinem Leben, von dem habe ich Ihnen nichts gesagt." Ich schluckte schwer und fuhr dann fort: „Ich habe seit zehn Jahren ein uneheliches Kind. Es war eine fürchterliche Sache, denn ich bin von einem Mann in meiner Firma vergewaltigt worden. Ich habe das Baby zur Adoption weggegeben und es seither nicht mehr gesehen. Das Kind war das Werkzeug Gottes, um mich an den Rand von mir selber zu bringen und gleichzeitig zu meinem Leben mit Jesus."

Er schien nicht sonderlich erschüttert durch diese Neuigkeit. „Ich meine, es ist großartig, daß wir so offen zueinander sein können. Ich habe nicht im Sinn, Sie wegen des soeben Gesagten nicht mehr sehen zu wollen, wenn ich nach Los Angeles zurückkehre. Ich bin schließlich nicht Ihr charmanter Playboy. Ich bin ein Typ, der heiraten will."

Ich konnte es fast nicht fassen, daß ich für ihn trotzdem eine „qualifizierte Kandidatin" geblieben war, und noch weniger, daß ich mich in ihn verliebt hatte. Unser Interesse aneinander entwickelte sich rasch zu einer Romanze. Er war ein Kaliber von Mann, wie ich es noch bei keinem gesehen hatte. Er wurde im Geschäftsleben wie auch in der Gemeinde als zäher Typ geschätzt, der nicht aufgab, gleichzeitig aber auch als Mann von Integrität und Empfindsamkeit. Und gerade dieses letzte erfuhr ich im Verlaufe unserer langen Gespräche.

Das heißt nicht, daß wir nicht auch Augenblicke der Unsicherheit hatten. Er neckte mich gerne. Es war ihm nicht entgangen, daß meine Auto, obwohl neu, keinerlei Luxus oder spezielles Zubehör aufwies. So etwas konnte ich mir nicht leisten, und ich schätzte es überhaupt nicht, wegen meiner zwangsläufig einfachen Ausstattung auf den Arm genommen zu werden.

Doch sonst verstanden wir uns ausgezeichnet, obwohl wir so verschieden waren. Hal stammte aus einer ganz anderen Welt als ich. Beide Elternteile waren von den Assemblies of God als Geistliche ordiniert. Es schien mir unglaublich, daß er noch nie in einer Musikhalle gewesen war. Das war für mich als Teenager meine ganze Welt gewesen. Er war völlig unbeeindruckt davon, daß ich gerne getanzt hatte oder eine gute Kartenspielerin gewesen war. Er besaß keine Ahnung, was Pik und Karo, Kreuz und Herz war. Ich neckte ihn: „Du bist wahrscheinlich am Abendmahlstisch zwischen den einzelnen Gottesdiensten aufgewachsen und ich am Pokertisch zwischen den einzelnen Kartenrunden!"

Als Hal nach Kalifornien zurückkehrte, wollte ich trotz allem noch nicht wahrhaben, daß sich etwas Wunderbares angebahnt hatte. Meine Freunde meinten, das wäre Gottes Tun. „Nein, danke", erwiderte ich. „Ich bin nicht daran interessiert, Nummer drei in einer langen Reihe von toten Ehefrauen zu sein. Wir sind auch zu verschieden voneinander, und in der Mutterrolle kann ich mich auch nicht sehen. Ich bin nicht der häusliche Typ. Auf Reservationen im Restaurant verstehe ich mich besser als auf Selberkochen."

Bei unserem letzten Gespräch im Flughafengebäude war sich Hal bewußt, daß Liebe zwischen uns entstanden war, und er sagte zu mir: „Es scheint ernst geworden zu sein mit uns beiden. Aber es wird eine längere Zeit dauern, bis ich es meinen Mädchen sagen kann. Sie werden Zeit brauchen, um sich auf eine andere Mutter einzustellen. Das geht nicht an einem einzigen Nachmittag."

Tränen standen in den Augen dieses großen Jungen, während er dies sagte, und ich selber wurde meiner Gefühle nur mit Mühe Herr. „Ich bin völlig damit einverstanden." Ich wollte gegenüber diesen hübschen Mädchen nicht einmal genannt sein, weil ich sicher war, sie würden sich fragen, welch Flittchen sich wohl ihren Papa geangelt hatte.

Wenn wir die folgenden Tage miteinander telefonierten, dachte keiner von uns an die teuren Telefonrechnungen. Während wir miteinander redeten, wurde mir klar, wie sehr ich an diesem feinen Manne hing. Eine Woche nach seiner Abreise von Florida rief Hal mich an und sagte: ,,Ich habe den Mädchen von dir erzählt." Ehe ich eine Silbe antworten konnte, holte er sie ans Telefon, um mit mir zu reden. Das Herz rutschte mir in die Hose. ,,Sie werden mich hassen", dachte ich. Sicher wollten sie wissen, wer diese Lee Kinney war und warum sie sich an ihren leidgeprüften Vater herangemacht hatte.

,,Hallo, bist du Lee?" hörte ich am anderen Ende eine süße Stimme sagen. Es war Pamela Meliss Ezell. Sie begann sogleich wie eine gebildete junge Dame von ihrer Schule zu erzählen und was sie sonst noch machte. Dann kam Sandra Michele an den Apparat. ,,Ich heiße Sandi", sagte die warme, freundliche Stimme. ,,Kommst du uns besuchen?"

Was sollte ich antworten? Ich fragte mich, wie diese Mädchen mir gegenüber so aufgeschlossen sein konnten, nur wenige Monate nachdem ihre zweite Mutter beerdigt worden war. Ich hatte das Gefühl, jeden Augenblick in Ohnmacht zu fallen. Doch Hal rettete mich, indem er sich wieder meldete. ,,Lee, ich möchte gern, daß du nach Kalifornien zurückkommst."

Ich war wie betäubt. ,,Aber . . . ich kann doch nicht einfach auf und davon und meine Arbeit liegenlassen! Wo soll ich wohnen? Und Arbeit haben muß ich auch . . ."

,,Arbeit kannst du auch hier in Los Angeles finden, und wohnen kannst du bei meinen Eltern. Sie haben ein schönes Heim, und es wird dir dort gefallen. Ich möchte, daß die Mädchen dich kennenlernen. Komm also und bring deine Sachen mit, dein Klavier und alles."

In der Woche darauf veranstaltete man in dem Büro, in dem ich arbeitete, eine Abschiedsparty für mich. Ich verkaufte mein Auto, traf Vorkehrungen für den Transport des Klaviers und einiger anderer Sachen und flog zurück nach Kalifornien, den Kopf voller Erinnerungen und Fragen. In gewissem Sinne war dies ein Zeichen von Fortschritt, denn meine Reise westwärts vollzog sich jetzt per Flugzeug anstatt mit dem Bus. Doch was wartete meiner dort? Die erste Reise hatte im Unglück geendet.

Da traf mich aufs mal ein Gedanke. Wie eigenartig: eine Tochter hatte ich weggegeben, und nun sollte ich zwei bekommen! Das zeigt doch, daß Gott immer mit Zinsen zurückgibt. Mir kam auch in den Sinn, daß meine eigene Tochter ein Jahr jünger war als Hals jüngstes Mädchen.

Hals Eltern, Herb und Edna, nahmen mich mit Liebe auf. Nana und Papa, wie ich sie liebevoll nannte, nahmen mich gründlich unter die Lupe, um sicher zu sein, ob ich mich auch wirklich als Frau Nummer drei ihres Sohnes eignete. Während der folgenden Monate vor unserer Hochzeit lernte ich Hal und seine Familie näher kennen. Bald einmal funkelte ein Verlobungsring an meiner linken Hand. Eines Abends sagte Hal zu mir: „Du hast viel Mut gehabt, dein Geheimnis mit mir zu teilen. Auch ich muß dir etwas mitteilen. Wir werden keine eigenen Kinder haben können. Pam und Sandi sind die einzigen, die wir haben werden." Als mir bewußt wurde, daß mein erstes Kind auch mein letztes sein würde, gewann es für mich noch an Kostbarkeit.

Es brauchte Zeit, sich in die Familie zu integrieren. Jeder von uns tat sein Bestes, ich als neue Stiefmutter, Hal und die Mädchen mit der Bewältigung ihres Kummers. Wir alle benötigten Zeit für die innere Heilung der Gefühle, die — wie uns klar war — uns nur Gott schenken konnte. Es war nicht leicht für die Mädchen, sich an mich zu gewöhnen, aber sie zeigten sich tapfer und akzeptierten mich. Auch für mich war es nicht leicht, hatte diese Familie doch ihre festgeformten Gewohnheiten, Vorlieben und Abneigungen. Ihre tägliche Routine stand fest, und ich mußte mich einfügen. Es gab auch eine Diskussion darüber, ob die Kinder mich „Mom",

Mamma, nennen sollten oder nicht. Sie waren schließlich dafür, und sie hatten auch keine Mühe damit. Ich fühlte mich geschmeichelt, daß sie mich so nannten, und empfand es bald als etwas Natürliches.

Ich scheute keine Anstrengung, um die Umstellung so reibungslos wie möglich zu gestalten. Unter Einsatz meiner musikalischen und dramaturgischen Fähigkeiten schrieb ich ein Kinder-Musical für ihre Gemeinde und komponierte auch „hausgemachte" Songs und Parodien für Familiengeburtstagsfeiern, Weihnachtsfeiern und andere festlichen Anlässe.

Unser Hochzeitstag war wunderschön, und wir alle genossen ihn sehr. Hal und ich schritten in der Kirche den Gang nach vorn, einzig von unseren Töchtern Pam und Sandi begleitet.

Am Abend unseres Hochzeitstages verspürte ich eine wachsende Bangigkeit in mir, so wie es sicher den meisten Bräuten ergeht. Wie würde es wohl sein, mit dem Mann zu schlafen, den ich liebte? Was konnte ich von diesem Manne erwarten, der viel Erfahrung besaß und wußte, was er von seiner Frau erwarten konnte? Ich war mir meiner Unzulänglichkeit und Unerfahrenheit bewußt, und darum beschloß ich, mich einfach seiner Führung zu überlassen. Das war wohl eine meiner besten Entscheidungen.

Es war der großen Zärtlichkeit Hals zu verdanken, daß ich in unserer ersten Nacht zusammen nicht von Erinnerungen an meine Vergewaltigung geplagt wurde. Hal verstand, daß sich das als traumatisches Hindernis erweisen könnte, und um so behutsamer ging er vor.

Es dauerte nicht lange, um zu erkennen, daß ich mich intensiver auf den Hochzeitstag als auf die Ehe vorbereitet hatte! Am ersten Morgen unserer Hochzeitsreise, als ich nach meiner Vorstellung im Mittelpunkt von Hals Welt hätte aufwachen sollen, streckte er seinen Arm quer über mich und langte nach dem Telefonhörer, um mit den Mädchen zu sprechen, ehe sie in die Schule gingen. Schnell geriet meine Vorstellung vom Prinzen etwas ins Wanken. Ich hatte mir vorgestellt, Maria von Trapp zu gleichen, die den Hauptmann geheiratet hatte und mit seinen Kindern fröhlich tanzend über die Berge gezogen war, so wie sie es im „Sound of Music" taten. Niemand von uns hätte die Kosten für die Umstellungen überschlagen können, die notwendig waren, um zu einer harmonisch funktionierenden Familie zusammenzuwachsen.

In den Wochen, welche folgten, begriffen die Mädchen, daß sich meine Rolle gewandelt hatte. Ich war nicht länger „Freundin", ich war „Mom". Während unserer Verlobungszeit war ich lediglich eine Freundin gewesen, die vorbeikam, um Ratschläge zu geben, mit ihnen Spaß zu haben und anderes. Jetzt erteilte diese „Freundin" plötzlich Befehle wie „Hört jetzt mit telefonieren auf!" oder „Geht nach oben und macht euer Bett!" Es gab manche hitzige Diskussion. Wie nicht wenige Stiefmütter, mußte ich auch Ausbrüche ertragen wie „Du bist nicht meine Mutter; ich brauche dir nicht zu gehorchen!" Das tat weh, doch fiel es nicht schwer, diesen Kindern zu vergeben, weil ich wußte, daß ihr Ärger von ihrem Kummer herrührte.

Doch auch viel Freude gab es zu erleben, während ich diese Mädchen wachsen und heranreifen sah. Beide waren so ganz verschieden voneinander. Die lebhafte Sandi schwankte hin und her zwischen dem Wunsch, ein berühmter Filmstar zu werden oder aber eine erstklassige Baseballspielerin. Sie war gern lustig, und wenn sie wieder einen ihrer kreativen Momente hatte, setzte sie sich an das Klavier, spielte und sang, was ihr gerade in den Sinn kam, und markierte die große Sängerin. Traurige Augenblicke, die es begreiflicherweise auch bei ihr gab, überspielte sie mit ihrer Witzigkeit.

Pam war eine geborene Führernatur. Obgleich erst ein Teenager, erstaunte sie uns doch immer wieder mit ihren tiefen Einsichten. In der höheren Schule war sie eine der besten, und besonders die Englischstunden liebte sie. Sie besaß die Fähigkeit, ihre tiefsten Gedanken und Gefühle in Melodien auszudrücken, die sie auf ihrer Guitarre komponierte, ganz allein in ihrem Zimmer.

Hätten wir vorher gewußt, welche Schwierigkeiten auf uns zukommen sollten, wir hätten schier den Mut verloren. Dennoch sollte Gott gerade diese Erfahrungen als Werkzeug gebrauchen, um uns großen Segen zu schenken. Mir wurde klar, daß dies eine Fortsetzung vom göttlichen Muster war, wie es in der Bibel und auch in meiner eigenen Erfahrung zu erkennen war. „Göttliche Ironie", so nannte ich es.

9. Kapitel

Gespenster der Vergangenheit

Hal, seine beiden Töchter und ich erhoben uns, als die Richterin den Gerichtssaal betrat und sich zu ihrem Stuhl begab. Mit einem kurzen Kopfnicken würdigte sie unsere Anwesenheit und hieß uns setzen. Unser Rechtsberater hatte uns versichert, es handle sich um einen bloßen Routinevorgang; dennoch klopfte mein Herz bei dem Gedanken, welche Autorität diese Richterin besaß. Sie war diejenige Person, welche darüber entschied, ob ich Pam und Sandi rechtlich als meine eigenen Töchter adoptieren konnte.

Mir kam ein anderes Ehepaar in den Sinn, das sich vor einer Reihe von Jahren in der gleichen Situation befunden hatte, um mein eigenes Baby zu adoptieren. Ich mußte lächeln bei dem Gedanken, wie sie von Gott erwählt waren, ob sie es wußten oder nicht — so wie die Tochter Pharaos auserlesen war, Mose aus dem Nil zu fischen. Bei mir lag die Situation allerdings etwas anders. Ich hatte ein einziges Kind zur Adoption weggegeben und erhielt nun dafür zwei Kinder zurück. Einst hatte ich Gott dafür vertraut, für mein eigenes Kind zu sorgen, weil ich dazu nicht in der Lage gewesen war, und jetzt vertraute Gott mir sogar zwei hübsche Mädchen an, um für sie zu sorgen — als liebevolle Mutter.

Während des ersten Jahres meiner Stiefmutterrolle fochten wir manchen Strauß miteinander aus. Doch nun war in unsere Beziehung der Friede eingezogen. Sandi saß zu meiner Rechten und faßte meine Hand, während Pam mir zuzwinkerte und flüsterte: „Du kannst wirklich froh sein, nicht die *böse* Stiefmutter zu sein!"

Die Richterin stellte mir in sachlichem Ton einige Routinefragen: „Wie lange kennen Sie schon diese Mädchen? Wie reden sie Sie an?" Die Mädchen hatten auf Fragen zu antworten wie: „Kommt ihr mit Lee gut aus? Führt ihr ein normales Familienleben? Könnt ihr Lee als eure Stiefmutter akzeptieren?" Als alles vorbei war und die Richterin offiziell erklärt hatte, daß ich jetzt die Mutter der Mädchen wäre, umarmten mich beide spontan und flüsterten mir die kostbaren Worte ins Ohr: „Ich hab dich lieb, Mom."

Meine Gedanken gingen häufig zurück zu meiner natürlichen Tochter. Meine früheren Kämpfe als Stiefmutter ließen in mir die Frage auftauchen, ob meine eigene Tochter wohl wußte, daß sie adoptiert war. Wenn ja, ob sie sich ihren Stiefeltern gegenüber wohl auch so verhielt wie meine Töchter mir mir gegenüber? Während diese allmählich heranreiften und zunächst die höhere Schule und dann das College absolvierten, beobachtete ich mit Freude, daß sie keine seelischen Defekte hatten, und ich betete, daß Gott, der alles neu macht, ebenso alle negativen Auswirkungen der Vergangenheit auf das Leben meines eigenen Kindes austilgen möge.

Als nunmehr verheiratete Frau und Glied einer Familie, die mit anderen Familien gesellschaftlich verkehrte, öffnete sich mir die Tür zu neuen Aktivitäten, die zum Teil schmerzliche Erinnerungen in mir wachriefen. Das geschah besonders, wenn ich bei Schwangerschaftskursen werdender Mütter mithalf. Die sich stets wiederholende Begleitmusik zu den einfältigen Spielen mit Wäscheklammern, Windeln und Babyflaschen lautete gewöhnlich: „Wann ist es bei Ihnen soweit?" — „Oh, bei Ihnen wird es sicher nach dem Termin kommen; das erste kommt immer nach dem Termin." — „War das bei Ihnen auch der Fall, Lee?"

„Nein, ich habe meine Mädchen adoptiert", antwortete ich gewöhnlich.

„Das heißt, Sie sind gar nie durch Geburtswehen hindurchgegangen?" — „Nun, so haben Sie sie wenigstens ohne Anstrengung bekommen..."

Ich pflegte freundlich lächelnd dazusitzen und hörte mir all das Geschwätz über Schwangerschaftsbeschwerden, Wehen und so weiter an und fühlte mich von den Frauen auf die Seite geschoben, diskutierten sie doch über Dinge, die mir scheinbar nicht aus eigener Erfahrung vertraut waren. Gewiß war ich im Umgang mit Windeln, Fläschchenwärmer oder Auto-Kindersitzen nicht erfahren, wußte aber dennoch, wie es ist, ein Kind unter dem Herzen zu tragen und Mutter zu werden.

Schmerzliche Gefühle wegen meines Babys wurden in mir auch ausgelöst, wenn ich Artikel über Adoptierte las oder in den Fernsehnachrichten zum Beispiel das Wiedersehen zwischen einem Kinde und seinen leiblichen Eltern sah. Ich sträubte mich nicht gegen diese Erinnerungen, obwohl sie mir wehtaten, aber ich dankte Gott im stillen dafür, wie er alles gelenkt hatte. Manchmal überdachte ich nochmals meine damalige Entscheidung, und jedesmal gelangte ich zum gleichen Schluß: Ich hatte 1964 das Richtige getan. Weil ich alles der Treue und Fürsorge Gottes überlassen hatte, spürte ich in mir die ruhige Gewißheit, daß er auf die beste Weise für das Kind gesorgt hatte. Ich wußte, der Name meines Kindes war in seinem allwissenden Computerspeicher aufbewahrt, wo er nie verloren oder vergessen gehen konnte. Ich nahm es im Glauben, daß meine vertrauensvollen Hoffnungen für das Kind Wirklichkeit geworden waren, auch wenn ich den Beweis dafür nie mit meinen menschlichen Augen sehen sollte.

Wenn ich in Gedanken auch oft bei meinem Kind weilte, an seinem Geburtstag und bei vielen anderen Gelegenheiten, so war es kein stechender Schmerz, den ich empfand. Es war vielmehr so, wie wenn man an der Hand eine Narbe trägt, die einen an einen alten, tiefen Schnitt erinnert. Die Erinnerung blieb, aber der stechende Schmerz war vergangen. Mir war bewußt, daß dies ein noch fehlendes Stück im Puzzle meines Leben war. Es gab viele unbeantwortete Fragen. Dennoch fühlte ich mich innerlich heil, hatte Gott mich doch Dinge gelehrt, die diese Lücke in meinem Leben ausfüllten. Ich erkannte jetzt mehr denn je, daß dies sowie andere Schwierigkeiten in meinem Leben „maßgeschneiderte" Situationen waren, dazu bestimmt, mich in eine tiefere Gemeinschaft mit Gott zu führen. Anstatt mich gegen sie zu sträuben, fragte ich nach ihrem Zweck.

Folgende Begebenheit machte mir wieder aufs neue bewußt, was Gott nicht schon alles in meinem Leben getan hatte. Eines Tages beim Federballspielen wurde ich aus Versehen von einem Ball stark am Kopf getroffen. Anderthalb Jahre lang verspürte ich seitdem Schmerzen an der rechten Wange. Ich suchte mehrere Spezialisten auf, um herauszufinden, woher die Schmerzen rührten — von meinen Zähnen, vom Kiefergelenk, von den Nerven, den Ohren oder was es sonst noch sein mochte. Schließlich schickte man mich zur Schmerzklinik, die zum medizinischen Zentrum der Universität gehörte.

Ich war damals so naiv, nicht daran zu denken, daß man es immer zuerst mit dem Psychiater zu tun bekommt. Doktor Levy schien überfreundlich, und ich nahm an, daß der Grund für ihre freundliche Unterhaltung mit mir darin lag, mir die Wartezeit bis zum Beginn der medizinischen Untersuchung verkürzen zu helfen. Sie stellte mir Fragen über meine Vergangenheit, und es dauerte fast eine Stunde, bis mir dämmerte, worauf sie eigentlich hinaus wollte. Ihre Aufgabe bestand darin, mit ihrer Fragerei irgend etwas in meiner Vergangenheit zu entdecken, das für meine Schmerzen verantwortlich sein konnte.

Als sie meine Geschichte zusammenfaßte, sagte sie: „Sie sind also das mittlere Kind, stimmt das?"

„Wenn das dritte von fünf die sprichwörtliche Mitte ist,

ja", erwiderte ich gereizt. Wenn ich auch auf ihre Fragen geantwortet hatte, so hatte ich jedoch nicht die Hälfte von allem gesagt.

Doktor Levy fuhr fort: „Dann waren Sie ein zurückgestoßenes Kind, das in Armut und unter der Fuchtel eines schlimmen Vaters aufgewachsen ist. Erinnern Sie sich, ob Ihr Vater Sie einmal heftig auf die rechte Gesichtsseite geschlagen hat?"

„Nein, nicht daß ich wüßte."

„Als Sie beim Federballspielen getroffen wurden, war es ein Mann, der den Ball geschlagen hatte. Dachten Sie damals an Ihren Vater?"

„Sicher nicht! Ich lag ja fast ohnmächtig am Boden."

Sie bearbeitete mich beinahe eine ganze Stunde lang im Bemühen, bei mir eine emotionelle Reaktion auszulösen, die auf ein Ressentiment hinweisen könnte, um daraus den Schluß zu ziehen: Das ist die Ursache meiner Schmerzen! Schließlich meinte sie mich in die Enge treiben zu können, indem sie sagte: „Lee, seien Sie aufrichtig mir gegenüber: Sind Sie nicht von einer geheimen Angst geplagt, daß Sie einen Tumor an der rechten Gesichtshälfte haben und daran sterben werden — und somit die dritte Frau sind, die Ihren Mann zum Witwer macht?"

Ich weiß nicht, ob ich es als gerechte Empörung bezeichnen kann, aber ich stand auf und gab mit aller Deutlichkeit zurück: „Hören Sie, Dr. Levy, ich weiß, worauf Sie aus sind. Ich habe erfahren, was Bitterkeit, Wut und Unversöhnlichkeit für einen Menschen bedeutet. Ich bin durch einen Prozeß der Vergebung und der Läuterung gegangen, und ich bin heute ein anderer Mensch. Aufgrund meiner persönlichen Beziehung zu Jesus, dem Erlöser, leide ich keineswegs mehr unter langfristigen Nachwirkungen früherer Ungerechtigkeiten!"

Dr. Levy kritzelte irgend etwas in ihr Heft, ich vermute so etwas wie: „Sie ist auch ein Jesus-Freak..." Nach zwei weiteren Besuchen bei ihr gelangte sie endlich zur Überzeugung, daß meine Schmerzen keinen seelischen Ursprung hatten. Eine Untersuchung durch das Chirurgen-Team brachte dann den Grund für meine Schmerzen an den Tag. Es handelte sich um eine durch zwei angegriffene Zahnwurzeln hervorgerufene Entzündung. Die Sache war bald in Ordnung gebracht, und seitdem habe ich keinerlei Schmerzen mehr gehabt. Wenn ich jedoch keine innere Heilung durch die Kraft Jesu erfahren hätte, würde ich wahrscheinlich noch heute mit meinen Schmerzen im Sprechzimmer dieser Psychiatrin sitzen und ihre hohen Rechnungen bezahlen!

Es waren Erfahrungen wie diese, die mich veranlaßten, die Lektionen, die ich in meinem Leben gelernt hatte, mit anderen Menschen zu teilen. Ich kannte viele Frauen, die Hilfe bei Psychiatern suchten. Sie stießen auf Vergangenheitserlebnisse, in denen sie eine Erklärung für ihre Schmerzen suchten. Doch das brachte die Schmerzen noch nicht zum Verschwinden. Eine Bewältigung ihrer Schuld, ihrer Verbitterung und ihrer Frustrationen gelang den allerwenigsten von ihnen. Vielleicht konnten meine Erfahrungen ihnen von Nutzen sein?

Ich bekam zunehmend Gelegenheit, zu verschiedensten Frauengruppen und in Bibelseminaren zu sprechen, und mit der Zeit begann sich eine Botschaft herauszukristallisieren. Ich sprach von meinen Schwachheiten und wie ich viele Jahre unter einem Phantasiedenken gelitten hatte. Auf meiner Busfahrt in den Westen damals hatte ich von einem Leben frei von Schmerzen im Lande der Verheißung geträumt. Dieser Traum war jählings zerstört worden. Ich hatte mir vorgestellt, ich würde heiraten und des Morgens beim Erwachen von meinem Prinzgemahl Eier zum Frühstück serviert bekommen. Statt dessen bescherte mir die Wirklichkeit den Einzug in ein Schlafzimmer, auf dessen Matratze eine andere Frau gelegen hatte, und auch die mich umgebenden Schlafzimmertapeten waren von ihr ausgewählt worden.

Ich erinnerte mich an jenen Tag, an welchem wir eine neue Matratze bestellten. Als die Männer die alte Matratze abholten und aus dem Haus trugen, entdeckte ich auf der Untermatratze einen Umschlag. Da Hal selten solche Überraschungen für mich bereit hatte, öffnete ich ihn neugierig und fand darin eine romantische Grußkarte mit einer aufgedruckten Liebeserklärung. Unterschrieben war sie mit „Alles Liebe, Wanda."

Überall lauerten die Gespenster der Vergangenheit. Ich konnte die Vergangenheit nicht ändern, doch ich konnte nach Kraft und Weisheit suchen, um die Vergangenheit, die Gegenwart und die Zukunft zu bewältigen. In der Anfangszeit meiner Ehe stützte ich mich auf das Bibelwort: „Dies ist der Tag, den der Herr gemacht hat; wir wollen fröhlich sein und uns seiner freuen" (Psalm 118,24).

Das war etwas ganz anderes als die Märchenvorstellungen, die alle nur den einen Schluß kannten: „Und sie lebten fortan glücklich und zufrieden." Ich brach aus meinem Aschenbrödeldenken aus und lernte, mit meinen jeweiligen Umständen zufrieden zu sein. Sicher, es fehlten wohl einige Teile in meinem Lebenspuzzle, aber Gott füllte die bestehenden Lücken aus mit seinem Frieden.

Praktisch jede Frau, der ich begegnete, hatte solche fehlenden Teile in ihrem Leben, und irgendwie schien ich etwas an mir zu haben, das diese Frauen veranlaßte, sich bei mir auszusprechen. Nachdem ich in Südkalifornien zu einer Frauengruppe gesprochen hatte, kam eine Frau zu mir und erzählte mir von ihren Problemen: Scheidung, ein schwererziehbares Kind, ein kürzlicher Autounfall. „Mehr kann ich nicht ertragen", sagte sie weinend. „Was will Gott bloß von mir? Manchmal glaube ich, das ist die Strafe für frühere Sünden." Sie hielt inne, um sich die Tränen abzuwischen und die Nase zu schneuzen. „Wissen Sie", fuhr sie dann weiter, „vor vielen Jahren bekam ich ein Kind ... ich habe es zur Adoption weggegeben."

Tiefbetroffen schaute ich sie an. Diese Frau konnte ja keine Ahnung davon haben, daß die Person vor ihr, der sie ihr Herz ausschüttete, die gleiche Lebenserfahrung gemacht hatte. „Hören Sie bitte auf, sich selbst zu bestrafen", bat ich sie. „Jesus hat am Kreuz auch Ihre Sündenschuld beglichen, so daß Sie nicht mehr für den Rest Ihres Lebens dafür zu zahlen brauchen. Gott ist nicht hinter Ihnen her, um Sie nochmals dafür zu bestrafen."

Und dann erzählte ich — wie es in Zukunft noch oft geschehen sollte — im persönlichen Seelsorgegespräch die Geburtsgeschichte meiner Tochter. Ich bemerkte ein Glänzen in ihren Augen, während sie mir aufmerksam zuhörte, und es wurde mir zum erstenmal bewußt, wie sehr mich gerade meine eigenen Erfahrungen dafür qualifizierten, einer leidgeprüften Frau zuzusprechen. Die Wahrheit, die mir aufgegangen war, vermochte ihr eine Hilfe zu sein, frei zu werden und Hoffnung für die Zukunft zu schöpfen.

Ich fing damit an, hilfreiche Grundsätze niederzuschreiben, die der Verbesserung der Beziehung zu Gott, zu uns selber und zu anderen Menschen dienen. Ich veröffentliche sie in Form eines kleinen Buches unter dem Titel „Das Aschenbrödel-Syndrom". Darin schilderte ich kurz meine Vergewaltigung, aber da sie unbeantwortete Fragen hinterlassen hatte, schrieb ich nichts von meiner Schwangerschaft und von der Adoption meines Kindes. Vielleicht war es auch die Furcht davor, diese Erfahrung zu veröffentlichen und mich vielleicht weiterer Verletzlichkeit auszusetzen. Und wenn Gott auch mit seinem Frieden die Lücke in meinem Herzen ausgefüllt hatte, so gab es doch irgendwo in diesem Lande eine junge Frau, meine Tochter, die sich selber ihrem einundzwanzigsten Geburtstag näherte. Wie hätte ich diese Geschichte erzählen können, ohne zu wissen, was aus ihr geworden war?

10. Kapitel

Das Schweigen ist gebrochen

Hal befand sich wieder auf einer seiner häufigen Reisen in den Osten der Staaten. Seit ein paar Jahren war er als politischer Berater in der Reagan-Administration tätig und hatte den Titel eines Beauftragten für Einwanderung der westlichen Region der Vereinigten Staaten. Er hatte alle Hände voll zu tun! Doch er betrachtete seine Aufgabe als eine göttliche Herausforderung für sein Leben. Ich war froh, daß dies die letzte Reise für ihn in diesem Jahr war, wenn es auch nur noch drei Wochen bis zum Jahresende waren.

Ich hatte einen guten Teil des Tages mit Weihnachtseinkäufen verbracht und auf dem Heimweg noch zum Essen eingekauft. Als ich ins Haus zurückkehrte und die zwei vollen Einkaufstaschen absetzte, bemerkte ich, daß das rote Licht des automatischen Telefonbeantworters blinkt. Jemand hatte also angerufen. Als ich das Tonband laufen ließ, vernahm ich eine vertraute Stimme aus der Vergangenheit. Es war die freundliche, zittrige Stimme von „Mom" Croft, die mittlerweile schon achtzig geworden war. Sie sagte: „Hallo, Liebling, hier ist Mom Croft, und ich hasse es, zu diesen stummen Apparaten zu sprechen. Aber ich habe eine wichtige Mitteilung für dich. Du solltest so schnell wie möglich zurückrufen."

„Etwas muß mit Papa Croft passiert sein", dachte ich sofort und wählte ihre Telefonnummer. „Hallo, Mom! Hier ist Lee", sagte ich, bemüht, meiner Stimme keinen allzu besorgten Ton zu verleihen. „Oh, gut, daß du zurückgerufen hast. Dad und ich haben gebetet, weil wir nicht wußten, was wir tun sollten. Wir haben da einen Brief bekommen, und ich habe nicht gewußt, ob ich dir telefonieren muß oder nicht..."

Ich unterbrach sie, um zu fragen: „Wovon sprichst du?"

„Vom Brief! Ich habe einen Brief von deiner Tochter bekommen!"

Meine Knie wurden weich, und ich hatte das Gefühl, jeden Augenblick in Ohnmacht zu fallen. Ich brachte kein Wort über die Lippen.

„Der Brief ist schon seit zwei Wochen da, und ich wollte dich immer anrufen", fuhr Mom fort. „Aber ich wußte nicht, ob dein Mann über deine Vergangenheit im Bilde ist, und ich möchte keine Probleme verursachen. Aber Dad und ich haben darüber gebetet, und wir haben beschlossen, dir zu telefonieren, damit du Bescheid weißt und selber entscheidest, was damit zu tun ist."

„Ich... ich weiß nicht, was ich sagen soll. Zwanzig Jahre sind es her. Du hast einen Brief von ihr bekommen — einfach wie aus heiterem Himmel?"

„Vor ein paar Wochen erhielt ich einen Telefonanruf von einer jungen Frau, welche fragte: ‚Kennen Sie jemand, der Lee Kinney heißt?' Natürlich wollte ich zuerst wissen, was sie wollte, ehe ich ihr Auskunft gab, und sie sagte: ‚Ich suche nach ihr. Sie ist meine richtige Mutter.' Ich war so schockiert, daß ich sagte: ‚Nein, ich habe nie von ihr gehört' und legte den Hörer auf. Nun, die folgende Woche hat sie wieder angerufen, und bevor ich etwas sagen konnte, sagte sie: ‚Entschuldigen Sie, ich heiße Julie. Ich rufe wieder an, weil ich glaube, Sie können mir etwas über den Aufenthaltsort meiner Mutter Lee Kinney sagen.' Ich antwortete: ‚Schauen Sie, ich möchte nicht darin verwickelt werden, und darum möchte ich auch nichts sagen.'"

„Sie heißt Julie", sagte ich geistesabwesend zu mir selbst, während Mom fortfuhr: „Sie war wirklich hartnäckig. Sie bat mich und sagte: ‚Wenn ich Ihnen einen Brief schicke, würden Sie ihn ihr zustellen? Ich habe nach ihr gesucht, und ich glaube, Sie wissen, wie sie zu erreichen ist. Aber ich überlasse es Ihnen.' Sie sagte noch, ich könne den Brief an dich weiterleiten, aber wenn nicht, würde sie mich nicht weiter belästigen. Ich wußte nicht, was ich sagen sollte, und so antwortete ich: ‚Ich kann Ihnen nichts versprechen.' Sie sagte, es sei okay, sie wolle einfach den Brief schicken für den Fall, ich wüßte, wo du dich aufhältst. So hat sie den Brief geschickt, und das habe ich dir mitteilen wollen."

„Bleib am Apparat, Mom, ich muß mich hinsetzen." Ich zog einen Stuhl heran und ließ mich darauf fallen.

„Ich hoffe, ich habe das Richtige getan", sagte Mom.

„Doch, du hast das Richtige getan. Was steht denn im Brief?"

„Möchtest du, daß ich ihn dir vorlese?"

„Ja, bitte."

Und so begann Mom den Brief vorzulesen. Er war vom 23. November 1984 datiert.

Liebe Herr und Frau Croft,

ich schreibe Ihnen aufgrund unseres Telefongespräches von letzter Woche. Ich hoffe, Sie nehmen sich die Zeit, diesen Brief zu lesen und darüber gründlich nachzudenken.

Während mehr als drei Jahren suche ich nach meinen eigentlichen Eltern. Und vor ein paar Wochen bekam ich einige ärztliche Berichte mit Ihrer Telefonnummer darauf. So beschloß ich, Ihnen zu telefonieren. Ich glaube, Sie kennen meine Mutter, Fräulein Lee Kinney. Ich habe eigentlich nicht erwartet, jemand unter dieser Nummer zu erreichen, und deshalb war ich nicht darauf vorbereitet, über die Situation ausführlich zu reden. Ich hoffe, dieser Brief hilft diesem Mangel ab.

Mein erstes Anliegen ist, daß ich keine Unruhe schaffe und in niemandes Leben eindringe. Es ist mir klar, daß es eine Menge Schaden anrichten kann, wenn ich die Angelegenheit nicht richtig behandle, und das ist das Letzte, was ich tun möchte. Ich möchte wirklich mit meiner Mutter in Verbindung kommen, aber es geht ja nicht zuerst um meine Gefühle.

Als ich fünfzehn war, beschlossen meine Adoptiveltern, von Kalifornien nach Michigan umzuziehen. Im Sommer '81 habe ich geheiratet, und im Mai dieses Jahres bekamen wir unser erstes Kind, es heißt Casey. So ist meine Mutter also auch Großmutter.

Ich habe gehofft, Sie könnten mir einige Informationen über meine Mutter geben. Ich habe auch eine Menge Fragen, auf die Sie mir hoffentlich Antwort wissen. Ich weiß, daß alles eine lange Zeit her ist, doch alles, was Sie mir noch über sie sagen können, interessiert mich sehr.

Ich weiß soviel, daß meine Mutter sehr talentiert war. Wissen Sie, ob sie mit ihrer Begabung Karriere gemacht hat? Wenn Sie irgendwelche Fotos von ihr haben, würde ich mich sehr freuen, eines davon zu bekommen, wenn dies möglich ist. Ich bin an allem interessiert, was Sie von ihr wissen oder mir über sie sagen können.

Ich habe immer gewußt, daß ich adoptiert wurde, und meine Adoptiveltern haben mich bei meiner Suche nach Lee unterstützt. Der einzige Grund für meine Nachforschungen ist Liebe. Anders als manche anderen Adoptivkinder hege ich keinen Groll gegen meine leiblichen Eltern. Wäre ich nicht in einer christlichen Familie aufgewachsen, wären meine Gefühle ihnen gegenüber wahrscheinlich nicht die gleichen.

Ich glaube, der Herr führt mich bei meinen Nachforschungen, und er wird mir sicher helfen, die richtigen Entscheidungen zu treffen. Sie werden erst dann wieder von mir hören, wenn Sie Kontakt mit mir aufgenommen haben.

Gott segne Sie!

Julie

Das war unglaublich. Der bloße Gedanke, daß mein „Baby" diesen Brief geschrieben hatte, stand jenseits meines momentanen Fassungsvermögens. Warum war sie nicht auch in meiner Vorstellung erwachsen geworden? In Gedanken sah ich sie immer noch als kleines Kind und nicht als eine vollerwachsene, verheiratete Frau mit einem eigenen Kind. Ich vermochte sie mir gar nicht vorzustellen als eine Person, die einen solchen gutabgefaßten Brief geschrieben haben konnte. Und ihr Baby machte mich zur Großmutter!

Mom Crofts Stimme holte mich wieder in die Wirklichkeit zurück. „Es tut mir leid," sagte sie entschuldigend. „Hoffentlich stürzt dich das nicht in Schwierigkeiten. Dad und ich waren nicht sicher, ob wir es dir sagen sollten. Aber nach unserer Meinung solltest du selber entscheiden, ob man mit ihr Verbindung aufnehmen soll."

Und dann, wie es nur ihre Art war, konnte die gute, liebe Mom es sich nicht versagen, mir mitzuteilen, was sie dachte. „Ich würde sie jedenfalls anrufen, meine Liebe, weil sie davon überzeugt ist, daß der Herr sie in ihrer Suche nach dir leitet. Ist die ganze Sache etwa nicht vom Herrn?"

Ich mußte über ihren Enthusiasmus lachen. „Ja, Mom, die Sache scheint tatsächlich vom Herrn zu sein!" entgegnete ich zustimmend. Sie besaß Julies Adresse wie auch ihre Telefonnummer, und so notierte ich mir beides sorgfältig. Dann versprach ich Mom, sie über die weitere Entwicklung auf dem laufenden zu halten, und legte den Hörer auf. Für längere Augenblicke starrte ich vor mich hin, wie in ein schwarzes Loch im Raum, und wünschte, ich könnte darin versinken. Dann aber nahm ein aufregendes, prickelndes Gefühl von meinem Körper Besitz und verstärkte in mir den Eindruck von Unwirklichkeit, denn so kam mir die ganze Sache vor.

Ich mußte das alles tatsächlich als göttliche Führung betrachten. Ob meine Tochter wohl auch etwas mit dem Herrn erlebt hatte? Ich erinnerte mich, wie ich durch die Schwangerschaft zu einer täglichen, realen Beziehung zu Jesus Christus gebracht worden war. Was bedeutete es, wenn sie geschrieben hatte: „Ich glaube, der Herr führt mich"? Was hieß das alles?

Ich begann zu weinen, einerseits vor Freude und andererseits auch vor Bangigkeit. Widersprüchliche Gefühle wallten in mir auf. „Das ist ja unglaublich... auf der anderen Seite könnte es aber auch echte Probleme geben... oder aber auch großen Segen..." Doch die Freude gewann in mir die Oberhand. Dennoch war ich vorsichtig. Welchen Verlauf würde alles nehmen? War es nur ein Traum?

Warum muß das ausgerechnet jetzt passieren, wo mein Mann fort ist? Das war ein Abend, an welchem ich nicht gern allein war. Aber ich hatte keine andere Wahl. Hal würde nicht vor morgen nachmittag zurück sein.

So blieb mir nur, mich an Gott zu wenden, wie ich es schon so oft getan hatte. In Gedanken stellte ich mir die Szene vor, wie vor dreieinhalb Jahren eine Bittschrift auf dem Arbeitstisch des himmlischen Vaters landete, in der es hieß: „Ich möchte meine richtige Mutter finden", und darunter die Unterschrift „Julie". Ich stellte mir vor, wie noch weitere Bitten mit dem gleichen Inhalt vorgelegt worden waren, und alle wurden mit dem Stempel ‚Nein" versehen. Die Zeit dafür war noch nicht gekommen. Eines Tages erhielt Gott wieder die gleiche Bitte, und diesmal versah er sie mit einem großen grünen Stempel „Ja", und fehlende Teile des Lebenspuzzles begannen ihren Platz zu finden.

So mußte ich mich mit dem Gedanken vertraut machen, daß das Bemühen meiner Tochter, mit mir Verbindung aufzunehmen, dem Zeitplan Gottes und einem göttlichen Zweck entsprach. Dennoch ließ mich eine gewisse Unruhe nicht los. Wie würde sich diese neue Entwicklung auf mein Leben und auf meine Familie auswirken? Doch unser Vater im Himmel wußte, was das Beste war — für mich, für Julie und für alle anderen, die davon betroffen waren. Er würde uns sicher nicht in eine Lage bringen, durch die wir überfordert würden. So hat er Julie gestattet, Kontakt mit mir aufzunehmen.

„Ich muß Hal davon benachrichtigen", dachte ich. „Das

kann nicht bis morgen warten." In der Hoffnung, ihn auf seinem Hotelzimmer zu erreichen, wählte ich seine Hoteltelefonnummer. Es stellte sich heraus, daß ich ihn aus dem Schlaf geweckt hatte.

„Du mußt jetzt ganz wach werden, denn ich habe dir etwas Wichtiges mitzuteilen", sagte ich zu Hal. „Höre und staune! Ich habe einen Brief erhalten von dem außerehelichen Kind, das ich vor über zwanzig Jahren bekommen habe", platzte ich heraus.

„Sag das noch einmal!" Ich konnte Hals gespannte Aufmerksamkeit förmlich verspüren. Als ich ihm vom Telefonanruf bei Mom Croft erzählt hatte, reagierte er ähnlich wie ich.

„Das ist ja unglaublich!"

„Es ist aber wahr. Sie lebt in Michigan. Ich habe ihren Namen, ihre Telefonnummer und ihre Adresse. Ich bin geschockt! Ich bin entzückt! Und ich wünschte, du wärest hier!" Und voller Stolz setzte ich hinzu: „Und Großmutter bin ich auch! Was sagst du nun dazu, Großpapa?"

„Wart mal einen Augenblick!" funkte er zurück, offensichtlich überrumpelt von dieser Vorstellung. „Wir wollen mal schön alles überdenken." Einfühlungsvoll fügte er fragend hinzu: „Was gedenkst du denn zu tun?"

„Ich möchte natürlich Verbindung mit ihr aufnehmen! Aber ich kann mir nicht vorstellen, wohin das führen wird. Was meinst du?" Im stillen hoffte ich, er würde die Führung und einen Teil der Verantwortung übernehmen.

Das tat Hal denn auch, doch seine Antwort zeigte mir, wer ihn führte. „Wenn der Herr Ja gesagt hat, so solltest wohl auch du Ja sagen und sie morgen anrufen. Wie immer du entscheidest, ich werde dich voll unterstützen", versicherte er mir.

Nachdem unser Gespräch zu Ende war und ich den Hörer aufgelegt hatte, fiel mein Blick auf einen Spruch an der Wand des Arbeitszimmers. Seine Botschaft war nie passender gewesen als jetzt:

Wenn du etwas liebst,
so gib es frei.
Wenn es wiederkehrt,
so ist es dein.
Wenn es nicht wiederkehrt,
war es nie dein.

Ich hatte ein Baby geliebt und es „frei"-gegeben. Jetzt war dieses Baby eine erwachsene Frau und kehrte wieder zu mir zurück mit einem anderen Baby auf den Armen. Und morgen würde ich mit ihr sprechen können!

11. Kapitel

Fragen über Fragen

Die Nacht brachte mir nicht viel Schlaf und Ruhe. Das Telefongespräch mit Mom Croft hatte meine Gedanken in unermüdliche Bewegung versetzt. Fragen über Fragen zogen mir durch den Kopf. „Wie sieht sie wohl aus? Welches ist ihr eigentliches Motiv, nach mir zu suchen? Will der Herr mir auf diese Weise den Grundsatz von Saat und Ernte vordemonstrieren? Soll ich jetzt erleben, wie die Saat des Weggebens von meinem Baby nun Frucht trägt? Warum hat sie schon mit siebzehn geheiratet? War ihre Heirat eine Flucht? War sie unglücklich verheiratet? Fühlte sie sich zurückgestoßen, weil ihre Geburt unwillkommen war? Hat sie sich deswegen benachteiligt gefühlt? Hat sie unter Depressionen gelitten?"

Es entsprach meiner natürlichen Neigung, mir in meiner Phantasie alle möglichen Zukunftsszenerien auszumalen. Als sich die Rückkehr meines Mannes verzögerte, begann ich mir Gedanken zu machen. Hatte er wohl einen Unfall auf der Autobahn erlitten? Wenn das Telefon läutete, war ich sicher, einen Anruf von irgendeinem Krankenhaus zu bekommen. Als es noch später wurde, sah ich mich in Gedanken schon in ein weitentferntes Krankenhaus eilen. Ich sah mich sogar schon schwarzgekleidet an einer Beerdigung...

Jene Nacht auf meinem Bett stellte ich mir alles mögliche vor. Vielleicht führte Julie ein unerträgliches Leben und glaubte, eine Begegnung mit ihrer eigentlichen Mutter würde ihrem Dasein einen neuen Sinn verleihen. Was würde geschehen, wenn sie zu mir ziehen wollte? Vielleicht wollte dieses jetzt erwachsene „Baby" mir ihr eigenes Baby zum Aufziehen geben? Wie sollte ich mit vierzig noch mit einem Baby fertigwerden? Und wie würden meine beiden Töchter auf diesen Schock reagieren?

Was sollte ich antworten, wenn Julie nach ihrem Vater fragte? Wie konnte ich ihr beibringen, daß sie das Resultat eines Überfalls, eines Vorfalls war, der nie hätte geschehen dürfen? Würde das nicht in ihr Gefühle des Abscheus und der Ablehnung hervorrufen? „Nein!" sagte ich mir, „ich darf ihr nie sagen, daß sie durch eine Vergewaltigung empfangen wurde."

Dann dachte ich über Julies Adoptiveltern nach. Sie waren ebensowenig Julies leibliche Eltern, wie ich die leibliche Mutter von Hals Töchtern war. Dennoch betrachtete ich mich als Mutter von Hals Mädchen, lebte ich doch schon seit Jahren mit ihnen zusammen und hatte mich für sie aufgeopfert. Ebenso mußte ich aber auch Julies Eltern zugestehen, daß sie wirklich Vater und Mutter für sie waren, hatten sie Julie doch seit ihrer Geburt umhegt und mit Liebe aufgezogen.

Wo war da mein Platz? Stellte ich nicht einen großen Einschnitt in ihrem Leben dar? Bedeutete ich nicht eine Bedrohung für ihre Eltern, die sich mehr als zwanzig Jahre liebevoll um sie gekümmert hatten? Obgleich ich nicht die eigentliche Mutter meiner beiden Mädchen war, würde ich mich mit Händen und Füßen gegen eine Frau wehren, die an meine Haustür klopft und den Anspruch erhebt, ihre „echte Mutter" zu sein. Wie konnte ein solches Problem gelöst werden?

Ich dachte an mein Recht auf Privatsphäre. Durfte eine mir unbekannte Person in den verborgenen Geheimnissen meiner Vergangenheit ohne meine Einwilligung herumstöbern? Gab es keine Gesetze, die mich vor so etwas schützten?

Doch dann dachte ich: „Ja, du hast Rechte als ‚echte' Mutter, Lee. Aber diese schließen nicht die Rechte des Kindes aus. Dieses Kind hat sich an keiner Übereinkunft zu absoluter Geheimhaltung beteiligt. Niemand besitzt das Recht, dem Kinde Nachforschungen nach seinen Eltern später im Leben zu verwehren." Das Recht auf eine vertrauliche Intimsphäre gilt nur zum Schutz vor neugierigen Außenstehenden, nicht aber für die unmittelbar Beteiligten.

Als es am Morgen Zeit zum Aufstehen war, war meine Energieration für den neuen Tag bereits aufgebraucht. Nur mit großer Anstrengung brachte ich es fertig, mich sitzend auf dem Bettrand aufrecht zu halten. Minutenlang starrte ich auf die Telefonnummer, die vor mir auf meinem Nachttisch lag. Was hing alles mit dieser Nummer zusammen? Wie würde es in meinem Leben weitergehen, wenn ich dort anrief? Oder war es wirklich ein göttlicher Einschnitt in meinem Leben?

Mir wurde bewußt, daß ich nicht in den Fehler verfallen war, mein Leben anzuhalten und auf diesen Moment zu warten. Obwohl ich zwanzig Jahre mit diesem fehlenden Puzzleteilchen gelebt hatte, fühlte ich mich doch als ganzer Mensch. Dieses Gefühl war nicht etwa ein Überspielen innerer Verletzungen aus der Vergangenheit. Ich hatte wirklich eine Lösung zu meinem Problem gefunden, und das fehlende Stück in meinem Leben war durch den Frieden Gottes ersetzt worden. Was sollte es also bedeuten, daß Gott jetzt das fehlende Puzzleteilchen in die Gegenwart zurückkommen ließ?

Das Gewicht all dieser Fragen motivierte mich, laut zu Jesus zu reden. „Herr, Du weißt alle Fragen, die mir durch den Kopf schwirren. Und Du kennst auch schon alle Antworten. Ich möchte Julie gerne begegnen, doch wohin wird das führen? Ich vermag die Kosten nicht zu überschlagen, und Hal kann es auch nicht. Welche Auswirkungen wird es auf Pam und Sandi haben? Ich kenne die Antworten nicht, aber ich glaube, daß Du gesagt hast: ‚Ja, jetzt ist die Zeit da.' So will ich eins sein mit Dir und den Anruf machen."

Trotzdem konnte ich nicht aufhören, über diesen Fragen zu brüten, auch als ich schon beim Anwählen der Telefonnummer in Michigan war. Als das Telefon am anderen Ende der Leitung zu läuten begann, nahm mein Herzklopfen ein immer schnelleres Tempo an.

Ich hörte am anderen Ende eine freundliche Stimme sagen: „Hallo." Ich schluckte schwer und sagte: „Ist dort Julie?" Mit zurückhaltender Stimme kam die Antwort: „Ja."

„Nun, ich hoffe, du hast dich hingesetzt, denn hier ist Lee am Apparat."

Ich merkte, wie sie etwas um Atem ringen mußte, während sie sagte: „Ach, ich wußte, du würdest eines Tages anrufen! Ich bin so froh, daß du es bist, die mir zuerst angeläutet hat, denn ich hätte nicht gewußt, was ich sagen soll."

„Dann weißt du, wie mir jetzt zumute ist!" gestand ich etwas erleichtert.

Ich hörte im Hintergrund ein Baby weinen. Ob das mein Enkelkind war? Julie entschuldigte sich für einen Augenblick, um das Kind zu beruhigen. Als sie an den Apparat zurückkehrte, sagte sie fröhlich: „Nun, was wollen wir machen?"

„Ich weiß es nicht", erwiderte ich zögernd. „Wie in aller Welt hast du mich gefunden?"

Ich hörte das Rascheln von Papierblättern, während sie anfing, die Unterlagen zu beschreiben, die sie im Verlaufe ihrer Nachforschungen gesammelt hatte. „Meine Mutter gab mir die Adoptionsurkunde eine Woche nach unserer Hochzeit. Während meiner dreieinhalbjährigen Suche habe ich eine Menge Briefe geschrieben und schließlich auch Unterstützung von ALMA bekommen. Hast du schon davon gehört?"

„Nein, noch nie."

„Es handelt sich dabei um eine kalifornische Vereinigung, die Adoptierten behilflich ist, ihre eigentlichen Eltern ausfindig zu machen. Ich habe auch im Krankenhaus angerufen, in dem ich auf die Welt kam, desgleichen bei der Adoptionsbehörde in Los Angeles. Doch richtig geklappt hat es, als ich mit Mrs. Croft sprach."

„Wie bist du denn auf sie gekommen?" wollte ich wissen.

„Auf einem der Papiere stand eine alte Telefonnummer, unter welcher du erreichbar warst. Da die Nummer aber zwanzig Jahre alt ist, rechnete ich nicht damit, dich zu erreichen. Doch ich hielt es für möglich, daß es jemand gab, der wußte, wo du bist und wie ich dich erreichen kann. Ich nehme an, Mrs. Croft hat dir meinen Brief übermittelt."

Ich war augenblicklich erleichtert und dann erfreut darüber, daß Julie keineswegs den Eindruck einer unglücklichen Person machte. Ihre Stimme ließ vielmehr auf eine aufgeweckte, reizende Persönlichkeit schließen. Dem weichen Ton ihrer Stimme nach ist es auch nicht eine verzweifelte Suche nach mir gewesen. Es war eher ein verhaltenes, angemessenes Anklopfen an meiner Tür, um zu sehen, ob ich öffnen würde.

Im Verlaufe unseres Gespräches deutete ich schüchtern an, daß ich die Datumsangaben in ihrem Brief beachtet hatte und annahm, daß sie mit siebzehn geheiratet hatte. Ich verschwieg jedoch meine heimliche Befürchtung, sie hätte vielleicht „heiraten müssen". Freundlich erwiderte sie: „Es war uns klar, daß es früh für eine Heirat war. Ich weiß nicht, ob du es verstehst oder nicht — aber wir wußten, es war Gottes Wille für uns, daß wir heirateten." Ich hielt ein wenig den Atem an. Hatte ich recht gehört? Sie sagte etwas von Gottes Wille!

Sie fuhr fort: „Wir sind drei Jahre verheiratet und haben eine neun Monate alte Tochter. Hörst du sie im Hintergrund weinen? Das ist deine Enkeltochter Casey." Es war ein sonderbares Gefühl, die Stimmen von drei Generationen zu hören, die sich das erste Mal auf diesem Telefondraht begegneten!

Dann las Julie mir aus den Unterlagen vor, die sie gesammelt hatte. Sie fragte mich nach meiner Mutter und meinen vier Schwestern, wobei sie mir deren Namen, Adressen und andere Informationen über sie nannte. Es war schockierend zu hören, wieviel persönliche Information in den Computern gespeichert ist. Julie gab zu, daß das Material, das sie erhalten hatte, weit mehr war, als sie angefordert hatte und als notwendig war.

Dann kam die unausweichliche Frage: „Was kannst du mir über meinen eigentlichen Vater sagen?"

„Welche Informationen hast du?" fragte ich widerstrebend zurück, entschlossen, mein Geheimnis nicht preiszugeben.

„Aus einem der Papiere geht hervor, daß mein Vater zur Zeit meiner Geburt 38 war. Auf einer anderen Akte steht 48, das heißt, er wäre 20 oder 30 Jahre älter als du gewesen. Welches Datum stimmt?"

„Ich weiß es nicht", antwortete ich, besorgt über das, was nun folgen würde.

„Hast du je seinen Vater und seine Mutter gesehen, die in Kansas City leben?"

„Nein", sagte ich und bemühte mich, meiner Stimme einen gleichgültigen Klang zu geben. „Hast du je eines seiner vier anderen Kinder gesehen?" fragte sie hartnäckig weiter.

All diese Dinge hörte ich zum erstenmal. Ich holte tief Luft und sagte: „Nein, nie."

„Hast du ihn gekannt, als er Lastwagenchauffeur oder Pilot war? Hast du ihn gekannt, als er bei der Marine oder im Baugewerbe war?"

„Nein", gab ich wieder zur Antwort. Glücklicherweise war damit die Erkundigung über ihren eigentlichen Vater zu Ende. Ich konnte nicht feststellen, welchen Schluß sie aus meinem Mangel an Information zog. Rasch wechselte ich das Thema und erkundigte mich nach ihrem Baby.

Einen Augenblick später fragte sie plötzlich:

„Was hältst du davon, wenn ich meinen leiblichen Vater suche?"

„Das ist ganz allein deine Angelegenheit. Wenn du das tun möchtest, dann mache nur vorwärts damit und fühle dich frei, es zu tun." Damit schien sie dem Kern des Problems ziemlich nahegekommen zu sein. Die Fragen wegen ihres Vaters hatten mich sehr erschöpft. Ich war überrascht, daß mir das alles nach den vielen Jahren noch so unter die Haut ging.

Zum Glück schlug Julies Unterhaltung mit mir eine andere Richtung ein, die zwischen uns andere Gemeinsamkeiten schuf als die biologische. Sie fing an, von ihrer Liebe zur Musik zu erzählen, etwas, das sonst niemand in ihrer Familie hatte. Sie erzählte mir von drei Singgruppen in ihrer Gemeinde, in denen sie mitsang. Meine Gedanken wollten schon wieder einen Höhenflug der Phantasie unternehmen, und ich mußte mich selber warnen: ,,Ziehe keine voreiligen Schlüsse. Vielleicht gehört sie einer Sekte an."

,,Julie, kannst du mir sagen, in was für eine Gemeinde du gehst?"

,,Ich weiß nicht, ob du weißt, was das ist, aber mein Pastor wurde in der Foursquare-Kirche als Geistlicher ordiniert. Wir sind das, was man eine ,charismatische' Gemeinde nennt. Hast du schon mal davon gehört?"

Ihre Auskunft war für mich überwältigend. Hal und ich waren schon seit vielen Jahren in charismatischen Gemeinden aktiv gewesen. Sein Vater war ordinierter Pastor bei den Assemblies of God. In Gedanken wich ich ein wenig von unserer Unterhaltung ab, während ich an meine Bitte auf ihren Adoptionsformularen zurückdachte. Ich hatte verlangt, daß sie in einer bibelgläubigen Familie erzogen werden sollte. (,,Danke, Herr!") Mein größter Wunsch und mein innigstes Gebet waren erhört worden, trotz aller Aussichtslosigkeit — einschließlich ,,Oberst Sachbearbeiter".

Als meine Gedanken wieder zu Julie zurückkehrten, hörte ich sie gerade sagen: ,,... und der Grund, weshalb ich meine Suche nach dir fortgesetzt habe, ist der, daß ich wissen wollte, ob du dein Leben Jesus Christus übergeben hast."

Nichts anderes hätte mich so stark treffen können. Hier legte jemand mir gegenüber Zeugnis ab — mir, das heißt, jemandem, der Zeugnisgruppen geleitet, der selber oft von Christus Zeugnis abgelegt hatte, sei es auf der Straße, im Büro, am Radio oder am Fernsehen! Für einmal fehlten mir die Worte. Keine andere gute Nachricht hätte mir über Julie mehr Aufschluß geben können als diese Frage.

Ich mußte wohl etwas gemurmelt haben; denn Julie erzählte weiter, wie sie in einer gläubigen Familie aufgewachsen war. Ihr Vater, Harold hieß er, hatte zwei Kinder, ehe seine Frau starb. Er hatte dann Eileen geheiratet, und sie beschlossen, ihre Familie durch die Adoption eines kleinen Mädchens zu vergrößern.

Indem mir Julie weitere Einzelheiten aus ihrem Leben mitteilte, erfuhr ich, daß sie ungefähr fünfzig Kilometer von meinem Wohn- und Arbeitsort entfernt ihre Kindheit verlebt hatte. Aufgrund ihrer Beschreibung der Stadt und ihrer Umgebung erkannte ich, daß es die gleiche Gegend war, in welche meine Schwester Zoe mit ihrer Familie nach ihrem Weggang von San Franzisko umgezogen war. Möglicherweise waren sie sich viele Male begegnet. Vielleicht hatte ich selber Julie auf der Fahrt zum Hause meiner Schwester manchmal in einem Hof oder auf einer Straße mit ihren Freundinnen spielen sehen.

Jeder von uns hätte gerne eine Verabredung zu einem persönlichen Zusammentreffen getroffen, und doch hielten wir uns beide zurück, um nicht zu direkt auf dieses Ziel zuzusteuern. Ich dachte da vor allem an Julies Eltern. Ich schuldete ihnen viel und wollte alles vermeiden, was sie verletzen könnte. Doch wie konnte ich andererseits den Wunsch meiner Tochter ablehnen? „Was denken deine Eltern über deine Suche nach mir?" fragte ich sie.

„Zuerst wollte meine Mutter nicht, daß ich nach jemand suchte, der mich nicht haben wollte. Aber jetzt, wo ich älter und verheiratet bin und selber ein Baby habe, ist sie ganz damit einverstanden."

„Hast du etwas dagegen, wenn ich dich frage, wie du herausgefunden hast, daß du adoptiert wurdest?"

„Ich war sehr jung. Ich spielte mit einer Spielkameradin, und diese erzählte mir, meine Mutter wäre gar nicht meine ‚richtige Mammi'. Ich rannte nach Hause und fragte meine Mutter: ‚Stimmt es, daß du nicht meine richtige Mutter bist?' Und damals hat sie mir dann erklärt, daß ich ein Adoptivkind bin. Weißt du, neulich ging mir etwas auf. Seit ich mich erinnern kann, kaufte Mom meine Schuhe im Schuhgeschäft Kinney. Vielleicht meinte sie, es würde dir irgendwie helfen, da ja dein Mädchenname Kinney ist."

Zu einem anderen Thema überwechselnd, stellte mir Julie die Frage: „Was fängst du jetzt mit deiner Zeit an, wo deine beiden Mädchen groß sind?"

Auf diese Frage war ich vorbereitet. In der Vorfreude auf Julies Reaktion kicherte ich fast ein wenig, als ich antwortete: „Ich reise im ganzen Land umher und lege auf Bibelfreizeiten und auf Glaubenskonferenzen Zeugnis ab von der Güte Gottes. Ich spreche am Radio, und jetzt habe ich gerade ein Buch geschrieben mit dem Titel ‚Das Aschenbrödel-Syndrom', und ich hoffe, daß Gott es als Werkzeug benutzt, viele Menschen zum Glauben an Christus zu führen."

Julie konnte sich vor lauter Überraschung kaum fassen, und lachend rief sie aus: „Ist das nicht wunderbar, auf welche Weise Gott wirkt?"

„Julie, vor ein paar Augenblicken wolltest du mich zu Christus führen. Ich war sprachlos, weil . . . ich in gewisser Weise sagen kann, daß in der Tat du es gewesen bist, die mich vor zwanzig Jahren zu Christus gebracht hat!"

Während Julie 2500 Kilometer entfernt lauschte, erzählte ich ihr mit Tränen in den Augen meine Geschichte. Ich schloß sie mit den Worten: „Ich gab dir die natürliche Geburt. Aber Gott hat dich gebraucht, um mir geistliches Leben zu geben!"

Wir hatten uns schon während anderthalb Stunden unterhalten, und es war Zeit, unser Gespräch zu beenden. Wir versprachen, in Verbindung zu bleiben und uns den nächsten Schritt in unserer wiedergefundenen Beziehung zu überlegen.

Ehe wir uns voneinander verabschiedeten, fragte ich: „Julie, willst du bitte deinem Vater und deiner Mutter versichern, daß ich mich in keiner Weise in ihr Leben einmischen werde?"

„Ja, das will ich tun", versprach sie mir.

In meinem Magen flatterte es, als schwirrte ein Dutzend Schmetterlinge darin umher. Aber wenigstens lernten sie, in Formation zu fliegen! In weniger als vierundzwanzig Stunden hatte ich eine dritte erwachsene Tochter erworben, einen Schwiegersohn und ein Enkelkind. So etwas nennt man speditive Arbeit!

Ich empfand eine tiefe Befriedigung. Ein Originalteilchen des Puzzles hatte seinen richtigen Platz gefunden. Ich konnte das einfach nicht für mich behalten, ich mußte mit jemand darüber reden. Während meines Telefongespräches war Dee, meine Sekretärin, mehrmals in das Büro getreten, das ich bei mir zu Hause hatte. Und als sie aufs neue hereinkam, sagte sie: „Sie waren ziemlich lange am Telefon."

„Nehmen Sie Platz! Ich muß Ihnen etwas erzählen!" Während ich ihr meine Geschichte von Anfang an erzählte, begann sie zu weinen. Ich konnte es kaum glauben, welche Wirkung sie auf Dee hatte. Als ich damit zu Ende war, sagte sie: „Das ist unglaublich. Ich hoffe, Sie erzählen davon, wenn Sie wieder sprechen."

„Ich bin noch nicht bereit, das zu tun", erwiderte ich.

„Aber denken Sie, wieviel Hoffnung Sie vielen Menschen damit machen können! Es zeigt doch, wie treu Gott wirkt, wenn ein Mensch ihm nur vertraut und alle Probleme ihm übergibt", gab Dee begeistert zur Antwort.

„Sicher, aber ich brauche Zeit, um alles erst zu verarbeiten. Es ist alles so plötzlich gekommen. Julie und ich sind uns noch nicht einmal begegnet."

Als ich mir das unglaubliche Erlebnis des Gespräches mit meiner leiblichen Tochter nochmals durch den Kopf gehen ließ, fuhr mir plötzlich der Gedanke durch den Sinn: „Pam!

Sandi! Was werden sie von alledem halten?" Ich hatte über diese Seite meines Lebens noch nie mit ihnen gesprochen. Jetzt würde ich ihnen die Wahrheit sagen müssen. Wie würden sie die Neuigkeit aufnehmen?

12. Kapitel

Heikle Enthüllungen

Wie sehr wünschte ich, ich hätte meinen Töchtern von meinem Geheimnis erzählt! Doch ich hatte geglaubt, keinen Grund dafür zu sehen. Was würde es nützen? Es handelte sich ja doch nur um eine unvollständige Episode aus meinem Leben, zudem um eine, für welche es keine Lösung gab. Hat nicht jeder irgendein Geheimnis aus seiner Vergangenheit? Hält nicht jede Frau irgendeinen dunklen Punkt in ihrem Innersten geheim? Ich hatte mir überlegt, daß meine Erfahrung nur eine ungesunde Furcht vor Verabredungen und Mißtrauen gegenüber Männern hervorrufen würde. Aber was dann, wenn sich die Mädchen verletzt fühlten, daß ihnen nicht die Gelegenheit geboten wurde, mich trotz des dunklen Fleckens in meiner Vergangenheit zu lieben?

Jetzt ging mir allmählich auf, daß meine Entscheidung falsch gewesen war. Ich hätte es besser wissen sollen. Zu oft hatte ich gesehen, wie andere Leute den Fehler begingen, ein Problem nicht offen anzupacken, sondern so taten, als sei alles in Ordnung. Eine Frau, die sich mit einem Manne verabredet hatte, gab vor, nicht geschieden zu sein. Ein Geschäftsmann hatte vor seinen Partnern einen früheren Bankrott verheimlicht. Eine andere Frau hatte vor ihrem Mann einen Kontoauszug versteckt, weil sie das Konto überzogen hatte. Ein Mann hatte es vermieden, mit seiner Frau über seine Minderwertigkeitsgefühle zu reden. Die Eltern eines

Adoptivkindes hatten dieses im Glauben gelassen, sie seien seine natürlichen Eltern.

In jedem dieser Fälle hatte die Aufdeckung der Wahrheit die Dinge nur noch komplizierter und die Verletzung der Gefühle schlimmer gemacht. Eine offene Aussprache zu Beginn hätte hingegen die Beziehung nur stärken können.

Jetzt war es zu spät für mich, zu überlegen, was ich hätte tun sollen. Ich mußte mein Geheimnis mit meinen Töchtern teilen. Hal rief Pam in ihrem Büro an und bat sie, nach der Arbeit gleich nach Hause zu kommen. ,,Ist es etwas Schlimmes?" fragte sie. ,,Es muß sicher eine schlechte Neuigkeit sein."

,,Ich kann dir jetzt nichts sagen. Aber komme heim, sobald du mit deiner Arbeit fertig bist. Wir werden Sandi bitten, das gleiche zu tun."

Als Hal Sandi anrief, fragte sie: ,,Bist du befördert worden? Ziehst du nach Washington D.C. um?"

,,Nein, nein", erwiderte er. ,,Wir ziehen nicht um. Aber wir müssen mit dir und mit Pam reden; so komm also bitte gleich heim heute abend."

Hal kam im Laufe des Nachmittags nach Hause, und ich erzählte ihm von meinem Telefongespräch mit Julie. Er machte sich wegen der Aussprache mit den Mädchen Sorgen. ,,Du mußt dir im klaren sein, daß sie eine schlechte Nachricht erwarten. Denke daran, schon zweimal sind sie zu einer Familienzusammenkunft wie diese herbeigerufen worden, und jede begann mit ‚Deine Mutter ist sehr krank gewesen...' Sie sind jetzt ohne Zweifel sehr besorgt. Sie haben schon zwei Mütter verloren, und sie werden keineswegs darüber entzückt sein zu hören, daß sie nicht deine einzigen Töchter sind."

Es tat weh, sich bewußt zu werden, wie unempfindsam ich gewesen war. Ich hatte ja mehr als zwanzig Jahre mit diesem Wissen gelebt und Hal elf Jahre. Wir hatten Zeit genug gehabt, uns daran zu gewöhnen. Doch Pam und Sandi hatten diesen Vorteil nicht gehabt. Wie würden sie den Schock verkraften, wenn nun jemand, von dem sie all diese Jahre nichts gewußt hatten, plötzlich aus dem Schatten heraus und in ihr Leben trat?

An diesem Abend saßen wir vier zusammen im Arbeitszimmer. Furcht und Sorge erfüllten mich, während ich zu erzählen begann, was ich mit 18 Jahren erlebt hatte. Pam und Sandi hielten ihre Blicke auf mich geheftet, während sie gleichzeitig mit den Tränen kämpften. Als ich die Geschichte mit der Schilderung des Telefongesprächs am Morgen abschloß, herrschte völliges Schweigen. Die Bombe war abgeworfen worden.

Schließlich hielt ich das Schweigen nicht länger aus. „Was denkt ihr?" fragte ich. „Redet mit mir. Was habt ihr dazu zu sagen?"

Sandi, die Jüngere, sprach zuerst. „Ich meine, das ist großartig, Mom! Das ist ja beinahe so wie in Seifenopern. Ich weiß, sie gefallen dir nicht, aber so ist eben das Leben. Es ist eine wunderbare Geschichte!"

„Nun, das macht meine Last etwas leichter", dachte ich bei mir. „Sie sieht wenigstens etwas Amüsantes darin." Oder aber wollte sie mit ihrem Humor nur ihre Spannung verringern? Sie brachte es immer fertig, die Dinge von der leichteren Seite zu sehen.

Pam saß inzwischen still da. Sie überlegte, was das Gehörte für die Zukunft der Familie bedeutete. Anders als ihre Mutter dachte Pam immer erst gründlich nach, bevor sie den Mund aufmachte. „Nun, ich halte es nicht für so großartig", sagte sie schließlich mit Tränen in den Augen. „Warum hast du uns nicht früher davon gesagt?"

Ich fühlte, wie meine Handflächen feucht wurden und mein Magen in Bewegung geriet. Es schien mir mit einemmal fast unerträglich warm im Zimmer. Beinahe weinend fuhr Pam fort: „Du hättest es uns früher sagen sollen. Was erwartest du von uns, das wir sagen? Daß wir hocherfreut sind?" Meine Befürchtungen bewahrheiteten sich. Ich war wie niedergeschmettert, daß sie meine Freude nicht teilen konnten. Ich mußte mich zwingen zuzuhören, während sie anfingen, mir eine Reihe von Fragen zu stellen.

„Sie kommt doch nicht etwa hierher? Sie bleibt sicher in Michigan, nicht wahr?"

„Darüber haben wir nicht gesprochen", antwortete ich nervös. „Sie hat eine Familie, und so nehme ich an, daß sie in Michigan bleiben werden."

„Müssen wir sie persönlich kennenlernen? Wird sie ‚Mom' zu dir sagen?"

„Es ist nicht nötig, daß ihr euch begegnet." An dieser Stelle ebbte die Diskussion ab.

Hal beendete unsere Familienkonferenz auf diplomatische Weise, indem er sagte: „Eure Mutter und ich haben nicht erwartet, daß ihr wegen dieser Neuigkeit Luftsprünge macht. Ich glaube, wir sollten den Mädchen Zeit lassen, alles zu überdenken, und dann können wir ein anderes Mal darüber weitersprechen."

Als meine Töchter an diesem Abend unser Haus verließen, nahm ich sie in die Arme und versicherte ihnen nochmals, daß ich sie liebhatte. An ihren Blicken und an ihrer zögernden Reaktion auf meine Umarmung erkannte ich, daß es für sie schwerer war, die Sache zu verkraften, als Hal und ich erwartet hatten. Meine Mädchen hatten schon zwei Mütter verloren. Befürchteten sie, eine dritte „Mom" an eine „echte Tochter" zu verlieren? Obgleich sie erwachsen und unabhängig waren, hegten sie die Befürchtung, daß da eine leibliche Tochter wie eine kleine, verlorene Prinzessin mit der ersten Enkelin die Bühne betreten und den Platz in meinem Herzen einnehmen würde, den sie beide bis jetzt innegehabt hatten. Alles kam zu plötzlich und war zu unwirklich für sie. Ihre Reaktion war begreiflich, und ich wußte auch, daß sich hinter ihren Gefühlen die Liebe zu mir verbarg. Wir waren zu einer Familie zusammengewachsen, ungeachtet dessen, wer die leibliche Mutter von wem war.

An diesem Abend legte ich mich mit großer Besorgnis zu Bett. „Herr, ich weiß, Du hast alles so geführt, und ich weiß,

Du wirst alles zum besten hinausführen", betete ich. „Zwanzig Jahre lang habe ich mir keine Sorgen gemacht; Du hast für alles gesorgt. Warum sollte ich glauben, mein Sorgen würde mir jetzt helfen? Ich will Dir vertrauen, daß Du auch mit dieser Situation fertig wirst."

Es gab allerdings eine Tatsache, die ich nur mit Mühe fassen konnte, nämlich daß ich Großmutter war. Ich sprach zu Hal davon, und er sagte in seiner direkten Art, die typisch für ihn ist: „Nun, jedenfalls hat die Sache aus mir keinen Großvater gemacht. Das Kind war ja nicht mein Baby. Ich habe gar nichts damit zu tun, und folgedessen bin ich auch nicht Großvater." Ich fragte mich, ob das Ausdruck einer Verstimmung war oder einfach eine Weigerung, sich einzugestehen, daß wir beide älter wurden. Vielleicht reagierte er aber nur deshalb so, weil er noch immer auf den Tag wartete, wo ihm eine seiner Töchter ein Enkelkind präsentierte.

Doch Hal war mit meinem fortgesetzten Kontakt zu Julie einverstanden. Telefonanrufe sowie ein reger Briefwechsel zwischen Michigan und Kalifornien begannen die zwanzigjährige Lücke auszufüllen. Jede neue Einzelheit, die ich über Julie erfuhr, bewies nur, wie treu Gott über dem Baby gewacht hatte, das ich seiner Obhut anbefohlen hatte.

Im Verlaufe eines unserer Gespräche fragte ich Julie zögernd, ob sie auch unter einer der vielen gesundheitlichen Schwächen litt, die in meiner Familie häufig auftraten. „Hast du Rückenprobleme?" wollte ich wissen. „Nein", antwortete sie.

„Irgendwelche Darmbeschwerden oder Verdauungsschwierigkeiten?"

„Nein, ich glaube nicht."

„Und Arthritis?"

„Nicht, daß ich wüßte. Ich bin ja noch jung und fühle mich gesund."

Ich war dankbar, daß sie nichts von meinen gesundheitlichen Problemen geerbt hatte. Und weil sie nicht von mir erzogen worden war, hoffte ich im stillen, daß sie auch von meinen nichtleiblichen Schwächen so wenig wie möglich mitbekommen hatte, zum Beispiel meinen Hang zum Eigensinn oder von meiner Neigung, zuviel zu reden.

Über einen Punkt waren Hal und ich uns nicht einig. Hal beharrte darauf, daß ich Julie sagen sollte, daß sie die Folge einer Vergewaltigung war. Ich war damit nicht einverstanden. „Wie kann man einem Menschen sagen, daß er unter solchen Umständen gezeugt wurde, wie ich es erlebt habe?" hielt ich ihm entgegen.

„Weil du klarmachen mußt, daß du nicht der Typ von Mädchen bist, das ‚herumschläft' und dann in der Falle sitzt", gab er mir zu bedenken.

„Begreifst du nicht, was das für Julie bedeuten wird! Es könnte verheerend für sie sein."

„Und was passiert, wenn sie es auf einem anderen Wege erfährt? Würde sie das nicht noch viel mehr verletzen?"

„Ehrlich" sein war eine Sache, die brutale Wahrheit sagen aber eine andere. War Julie ein so empfindsamer Mensch, der innerlich zerstört wurde, wenn er erfuhr, daß sein Leben mit einer Vergewaltigung begonnen hatte? Konnte ich das Risiko eingehen, alles Selbstwertgefühl und allen Lebenssinn in ihr zu zerstören? Nein, auf dieses Risiko wollte ich mich nicht einlassen.

Zum Glück hatte Julie mir keine weiteren Fragen nach ihrem leiblichen Vater gestellt. Vielleicht wollte sie mich nicht in Verlegenheit bringen oder unsere frische Beziehung belasten. Dennoch war Hal davon überzeugt, daß mein guter Ruf und meine Integrität Schaden erleiden würden, wenn Julie nicht die Wahrheit erfuhr. Nur widerwillig erklärte ich mich einverstanden, daß er mit Julies Mann darüber sprach. Eines Abends telefonierten wir beide mit Julie, als Hal darum bat, mit Bob, ihrem Mann, alleine sprechen zu können.

Als Bob an den Apparat kam, fragte Hal ihn: „Ist Julie noch am Telefon?"

„Nein", erwiderte er.

„Gut, denn ich möchte dir etwas sagen. Es geht um Julies

Empfängnis. Die damit verbundenen Umstände waren nicht angenehm. Lee wurde überfallen. Verstehst du, was ich meine?"

Nach einer langen Pause erwiderte er: „Ich glaube, ich begreife... wenigstens teilweise."

„Nun, wir wissen nicht, ob wir das auch Julie sagen sollen. Das heißt, wir wissen vor allem nicht, *wie* wir es ihr sagen sollen. Könnten wir es darum dir als ihrem Mann überlassen? Du kannst es ihr so und dann sagen, wie du es für Julie am besten hältst."

Das Schweigen am anderen Ende des Drahtes wurde fast beklemmend. Schließlich hielt ich es nicht mehr aus. „Bob, bist du noch da? Was hältst du davon?"

Mit tiefer innerer Bewegung antwortete er: „Wenn man sich vorstellt... das geschah vor mehr als zwanzig Jahren... und das, damit ich meine Julie bekam..."

Während seine Worte in meinen Ohren verklangen, drang die Bedeutung dieser Worte immer stärker in mein Bewußtsein. Wir hatten es wirklich mit einem gereiften, gläubigen Christen zu tun, der die Einsicht und Kraft besaß, die Umstände der Empfängnis von Julie differenziert zu verarbeiten.

Immer mehr beschäftigte mich die Frage, wann Julie und ich das erste Mal zusammentreffen sollten. Als Hal und ich darüber diskutierten, erwähnte ich, daß wir in der zweiten Februarwoche an einer Konferenz in Washington D. C. sein würden. „Julie wird dann gerade ihren 21. Geburtstag haben", erzählte ich Hal. „Könnten wir nicht bei dieser Gelegenheit sie und Bob einladen, auch für ein paar Tage an die Konferenz zu kommen?"

Hal war einverstanden. Als wir Bob und Julie unseren Vorschlag mitteilten, nahmen sie die Einladung an. Jetzt, wo unsere erste Begegnung in die Nähe rückte, mehrte sich meine Besorgnis. Schließlich hatte Julie dreieinhalb Jahre Zeit gehabt, sich mit der Möglichkeit zu befassen, mich ausfindig zu machen. Doch meinen Mädchen verblieben nur ein paar Wochen, und noch immer waren sie nicht erfreut über die

Aussicht, Julie kennenzulernen. Und was mich betraf, so hatten sogar zwanzig Jahre nicht ausgereicht, um mich auf die Tatsache einzustellen, daß mein Baby eine junge Frau war, die bald ihren einundzwanzigsten Geburtstag feierte.

Ich machte mir auch Gedanken, ob ich mich von ihr „Mom" nennen lassen sollte. Pams und Sandis erste Reaktion hatte mich vorsichtig gemacht, obwohl alles in mir schrie: „Ja, sag ‚Mom' zu mir! Ich bin ja deine Mutter!" Aber was, wenn sie es nicht wollte? Und wenn ich ihr nicht gefiel? Oder wenn sie mir nicht gefiel? Wie würde ich reagieren, wenn ich feststellte, daß sie nicht mir, sondern ihrem leiblichen Vater glich? Wie würden sich Julies Eltern zu dieser Begegnung stellen? Würden sie dies als Einmischung in ihr wohlbehütetes Privatleben betrachten?

Vor unserer Abreise nach Washington ging ich noch in ein Geschäft, um eine Geburtstagskarte für Julie zu kaufen. Ich merkte schnell, daß keine der Glückwunschkarten dem Anlaß entsprach: „*Unserer* Tochter...", „Du bist immer unser Sonnenschein gewesen...", „Mom und Dad sind stolz auf dich..." und anderes mehr. Weil nichts Passendes darunter war, ging ich hinüber in die Kinderabteilung, um für Julies Tochter ein Geschenk zu holen. Als ich mit einem hübschen Kleidchen an die Kasse ging, fragte mich eine Dame freundlich: „Ist das für Ihre Kleine?"

Ich spürte, wie ich über und über rot wurde, während ich — zum erstenmal — stotterte: „Nein, das ist für meine E-en-enkelin!"

13. Kapitel

Von Angesicht zu Angesicht

Trotz all dem Interessanten, das eine Konferenz christlicher Radioproduzenten beinhaltet, bereitete es mir viel Mühe, mich zu konzentrieren. Es war ein beständiger Kampf, gescheite Antworten zu geben, wenn mich Leute über mein Radioprogramm „Reflections" befragten. Jeden Abend, wenn ich in mein Hotel zurückkehrte, wanderten meine Gedanken zu Julie und Bob, und ich fragte mich, wie unsere Begegnung wohl ausfallen würde. Besonders neugierig war ich darauf, ob ich meine Tochter erkennen würde. Ob ich sie wohl erkennen könnte, wenn sie mir auf der Straße begegnete? Glich ihr Aussehen mir oder eher ihrem leiblichen Vater? Meine Neugier war unersättlich.

Noch vierundzwanzig Stunden dauerte es, bis wir uns gegenübertraten. Während ich mich in meinem Hotelzimmer entspannte, stellte ich mir vor, wie Bob und Julie jetzt wahrscheinlich von Michigan aufbrachen, um die lange Reise nach Washington anzutreten. „Herr, bewahre sie", betete ich und dachte dabei an den strengen Winter weiter oben im Norden.

Das Telefon läutete, und ich hob ab. Pam und Sandi meldeten sich. Nach dem Austausch von ein paar Belanglosigkeiten sagte Pam: „Wir wissen, daß du morgen Julie siehst. Wie du weißt, hat uns die Sache ziemlich Mühe gemacht. Aber jetzt sehen wir sie nicht mehr so dramatisch. Wir wollten einfach nicht, daß dadurch unsere Familie durcheinander kommt."

Sandi fügte hinzu: „Aber wir haben genug geistliches Verständnis um zu wissen, daß Gott hier seine Hand im Spiel hat. Wir möchten seinen Plänen nicht in die Quere kommen. Eigentlich ist es ja eine Angelegenheit zwischen ihm und dir. Darum sind wir damit einverstanden, wenn du dich von ihr ‚Mom' nennen läßt, vorausgesetzt sie wünscht es. Wir werden uns daran gewöhnen. Wir wissen, du liebst uns, und wir lieben dich auch!"

Welch eine Erleichterung! Ich erzählte Hal die Neuigkeit und meinte dazu: „Ich kann es kaum fassen. Nur noch vierundzwanzig Stunden! Ich habe heute den Chorus summen müssen: ‚Er macht alles fein zu seiner Zeit.' Wie wahr ist das!"

Noch immer war ich mir nicht schlüssig geworden, ob ich sie „Mom" zu mir sagen lassen sollte. Wenn nicht, könnte sie das nicht als brüske Zurückweisung empfinden, vor der sie sich vielleicht mehr als alles andere fürchtete? Es ist eine Sache, als Kind von einer unbekannten Mutter abgewiesen zu werden; aber als Erwachsener von seiner leiblichen Mutter abgewiesen zu werden, ist viel schlimmer. Darum kam der Anruf von meinen Töchtern gerade zur rechten Zeit. Ich war dankbar dafür und fühlte mich erleichtert.

Als ich am folgenden Abend vom Schlußbankett der Konferenz auf mein Zimmer zurückkehrte, erwartete Hal mich, und als er die Tür für mich öffnete, sagte er: „Sie sind hier."

„Hier? In unserem Zimmer?" Panik packte mich.

„Im Nebenzimmer", antwortete Hal und deutete auf die Verbindungstür zum angrenzenden Zimmer. Einen Augenblick lang starrte ich auf die Tür. Dahinter wartete die Person, welche mein eigen Fleisch und Blut war. „Julie hat sich gemeldet und möchte auf unser Zimmer kommen, sobald du bereit bist."

„In dieser Aufmachung kann ich ihr doch nicht gegenübertreten", sagte ich zu ihm. Sie sollte von mir nicht den

Eindruck einer Hollywood-Diva bekommen. Ich schlüpfte rasch aus meinem Galakleid und vertauschte es mit einer bequemen Bluse und Hose. Gewöhnlich verhalf mir eine solche bequeme Bekleidung zu einem entspannten Gefühl, aber heute abend blieb diese Wirkung aus. Die Spannung wich auch nicht, als ich in Gedanken noch einmal die Worte wiederholte, die ich mir zur Begrüßung zurechtgelegt hatte.

Mit feuchten Handflächen und mit einem inneren Beben trat ich an die Tür und klopfte. „Julie, bist du da?"

Eine scheue Stimme erwiderte: „Ja. Dürfen wir eintreten?"

Während die Tür aufging, durchrann ein nicht zu beschreibender Gefühlsschauer meinen Körper vom Kopf bis zu den Zehen. Durch die Tür trat eine Frau, die eine auffallende Ähnlichkeit mit mir hatte, als ich zwanzig gewesen war. Jetzt machte mich meine lockere Kleidung etwas verlegen. Wie hätte ich wissen können, daß sich auf der anderen Seite der Tür Julie speziell zu diesem Anlaß zurechtgemacht und extra für diesen Augenblick ein neues schwarzes Kleid aus Crêpe gekauft hatte? Ihr Haar war schön zurechtgemacht, eine Perlenkette zierte ihren Hals, und auch das Baby bot der Großmutter, die es zum erstenmal sah, einen hübschen Anblick.

Wir umarmten uns und lachten und weinten zugleich. Bob stand unmittelbar hinter ihr, und Hal und ich begrüßten ihn und das Baby auf seinen Armen mit gleicher Herzlichkeit. Nach dem anfänglichen Hallo setzten wir uns und betrachteten uns gegenseitig unter einem leichten Schleier von Freudentränen in den Augen. Das starke Bewußtsein, daß Gott diese Begegnung herbeigeführt hatte, raubte uns einige Augenblicke lang die Sprache. Keiner wollte dieses von Staunen getragene Schweigen durchbrechen. Ich forschte in Julies Gesicht und suchte darin nach Aufschlüssen über ihr Wesen. Schließlich zwickte ich sie leicht am Arm und sagte: „Ist das wirklich kein Traum?"

„Nein, es ist kein Traum!" lachte sie. „Es ist Wirklichkeit!" Und Bob flüsterte eins ums andere Mal: „Das ist großartig. Das ist wunderbar! Mann, ist das herrlich! Preis dem Herrn!" Erst als das Baby zu weinen begann, wurden wir alle wieder in die Wirklichkeit zurückgebracht.

Nachdem das Baby zufriedengestellt war, nahmen wir wieder auf dem Sofa Platz. Ich konnte meinen Blick gar nicht lösen von Julies Gesicht und mich an ihrer Ähnlichkeit mit mir satt sehen. Mit Ausnahme meiner Runzeln sowie einer kleinen Unebenheit meiner Nase, die davon herrührte, daß mich mein Vater als Baby einmal fallen gelassen hatte, wiesen wir auffallend ähnliche Gesichtszüge auf. Ihr dunkles Haar, ihre Augen und ihr Lächeln gaben mir den Eindruck, als blickte ich auf einen reflektierenden Wasserspiegel. Ihre weiche Stimme und ihr Lachen hatten einen vertrauten Klang.

Wir sprachen eine Weile über dieses und jenes, bevor Julie dann einige Fotoalben holte und uns Aufnahmen aus ihrer Kindheit zeigte. Es waren Bilder darunter, die sie als kleines Kind mit ihren Puppen zeigten, später mit ihrem Dreirad und Zweirad, und dann natürlich Aufnahmen zusammen mit den Andersons, die die Eltern meines Babys geworden waren und die ich jetzt auch zum erstenmal sah, wenigstens auf dem Papier.

Mit jedem Bild enthüllte Julie ein weiteres Stückchen ihrer einundzwanzigjährigen Lebensgeschichte. Ich vernahm etwas über ihre beiden älteren Brüder Jim und dann Rick, der Pastor einer Gemeinde in Bakersfield, Kalifornien, war. Ich erfuhr, daß ihr Vater im Stahlbau beschäftigt war und mithalf, die Stahlskelette der zahlreichen Wolkenkratzer in Los Angeles zu errichten. Die meisten ihrer Kleider hatte ihre Mutter genäht, was mir besonders imponierte, denn ich selber kann nicht nähen. Auf allen Bildern machte Julie einen zufriedenen Eindruck. Es war offensichtlich, daß sie gut aufgehoben und ein mit Liebe umhegtes Kind gewesen war.

Als ich das erste Bild von Julie und Bob zusammen sah, erkundigte ich mich, wie sie sich kennengelernt hatten.

„Wir sind uns das erste Mal in einem Coffeeshop in Cheboygan begegnet", erzählte Julie. „Ich war sechzehn und hatte zusammen mit einer Freundin diese Kaffeestube aufgesucht, um etwas christliche Musik zu hören. Bob war der Conférencier. Er organisierte die Musikgruppen und stellte sie vor. Er kam zu meinem Tisch herüber und begann, sich mit mir zu unterhalten. Er ist acht Jahre älter als ich, aber das machte uns nichts aus. Wir fingen an, miteinander zu gehen, lernten uns näher kennen und beschlossen schließlich zu heiraten."

„Wie kamt ihr zu der Überzeugung, daß ihr heiraten sollt?"

„Bob und ich wußten einfach, daß es Gottes Wille war. Wir sprachen mit meinen Eltern darüber, und sie sagten okay."

Ich war davon beeindruckt, wie ganz normal es für Julie schien, ihr Leben von Gott bestimmen zu lassen. Als ich so alt war wie sie, versuchte ich einfach zu überleben.

„Bob, arbeitest du noch immer in diesem Coffeeshop?" erkundigte ich mich.

„Nein, ich bin jetzt Chauffeur bei einer Getränkefirma. — Julie, hast du Lee schon von dem Haus erzählt, das wir bauen wollen?"

„Wir leben in einem Mobilhome ungefähr vierzehn Kilometer außerhalb der Stadt. Ringsherum ist lauter Wald, und wir sind gerade damit beschäftigt, Bäume zu fällen. Wir haben eine eigene Sägemühle und wollen uns eine Blockhütte bauen."

Als das Baby schlief, dachte keiner von uns vieren mehr an die Zeit. Kurz nach Mitternacht erst erinnerten wir uns, daß auch wir Ruhe und Schlaf brauchten. Doch Bob erhob sich erst noch und sagte: „Ich möchte etwas sagen. Lee, ich danke dir, daß du Julie nicht hast abtreiben lassen. Das wäre sicher am einfachsten gewesen. Ich kann mir mein Leben ohne sie gar nicht vorstellen... und ohne mein Baby."

Welch ein herzbewegender Moment war es, als wir uns alle in einer gemeinsamen Umarmung fanden! Ich war so dankbar, daß ich damals vor vielen Jahren den Gang in eine der sogenannten „freien Kliniken" vermieden hatte.

Der Tag darauf war Julies einundzwanzigster Geburtstag. Wir feierten ihn mit nur einer Kerze auf der Geburtstagstorte; denn dies war Julies erster Geburtstag in meinem Leben. Dann gingen wir zusammen essen, und während des Abends erzählte ich von all den Befürchtungen, die ich vor der Begegnung mit Julie gehabt hatte. „Ich fragte mich, ob irgendein kleiner Musical-Star in mein Leben hineintanzen würde. Oder war sie eine arme Seele, niedergebeugt durch ihre Lebensumstände und drauf und dran, am liebsten davonzulaufen? Doch keines davon ist wahr! Du bist so schön! Wie gut ist es, mit dir zusammen zu sein!"

Julie verriet, wie auch sie ihre Befürchtungen im Blick auf unsere erste Begegnung gehabt hatte. „Bob und ich hatten dreieinhalb Jahre Zeit, uns damit zu befassen, wie es sein würde, wenn wir dich fänden, und..." Es war offensichtlich, daß es sie etwas in Verlegenheit brachte, nun zuzugeben: „...wir fragten uns, ob wir wohl jemand Heruntergekommenen finden würden, den wir schließlich für immer bei uns aufnehmen müßten!" Wir brachen in fröhliches Lachen aus, als wir feststellten, daß uns alle ähnliche Gedanken beschäftigt hatten.

Die nächsten Tage verbrachten wir damit, uns die Sehenswürdigkeiten von Washington anzuschauen. Hal hatte tagsüber zu tun, und so machten wir übrigen drei uns auf, trotzten der Kälte und besichtigten das Capitol, das Weiße Haus, die Monumente beim Capitol Mall sowie andere touristische Sehenswürdigkeiten. „Ob du es glaubst oder nicht", meinte Bob eines Tages zu mir, „das Wetter hier kommt uns richtig warm vor. Zu Hause liegt jetzt ganz schön Schnee."

Julie fügte hinzu: „Aber der eigentliche Grund, warum Bob froh darüber ist, hier zu sein, ist, daß dies seine erste Reise außerhalb von Michigan ist!"

Unsere Gefühle waren die ganze Zeit immer noch sehr bewegt. Wir konnten es manchmal fast nicht glauben, daß dies alles Realität war. Wir konnten nur staunen, wie treu und mächtig Gott jede Einzelheit unseres Lebens koordiniert hatte. Wenn wir etwas Neues aus dem Leben des anderen erfuhren und wieder ein Stückchen Information ihren Platz in unserem Lebenspuzzle ausfüllte, mußten wir einfach immer wieder bekennen: „Gott ist so gut!"

Eines Tages vor dem Essen erkundigte ich mich nach der Gemeinde, in die Julie in San Fernando Valley gegangen war, ehe ihre Familie wieder nach Michigan zurückging. Es stellte sich heraus, daß es eine kleine Gemeinde war, deren Gottesdienste auch meine Schwester Zoe gelegentlich besuchte. „Meine Nichten und Neffen sind vielleicht in die gleiche Sonntagsschule gegangen!" bemerkte ich.

Dann wollte ich von Julie vor allem wissen, wie sie zu Christus gefunden hatte, und sie erwiderte: „Ich habe mich immer zu Gott gezogen gefühlt. Ich nahm Jesus Christus in mein Leben auf, als ich ein kleines Mädchen war, und als Bob und ich verheiratet waren, lieferte ich dem Herrn mein Leben noch völliger aus."

Julies Familie war nach Michigan gegangen, als Julie die höhere Schule besuchte. Das war zu jener Zeit, als sie sich vermehrt der Musik widmete. „Ich wette, du singst Alt", sagte ich. „Stimmt!" bestätigte sie lachend. „Ich vermute, du ebenfalls. Welche Art von Gesang war es bei dir?" wollte Julie wissen.

„Nun, ich habe zuerst in Chören mitgewirkt. Nach meiner Bekehrung habe ich gelegentlich auch Solos in der Gemeinde gesungen. In der Schule hatte ich schon immer Freude gehabt an Musikkomödien und Volkstheaterstücken. Der Höhepunkt meiner Karriere aber war, als ich im Musical ‚The Fiddler on the Roof' beziehungsweise ‚Anatevka' die Rolle der Golde, der Mamma, spielte. Da hatte ich ein paar gute Partien zu singen."

„Sunrise, Sunset!"

„Und ‚Do You Love Me?'" Ich sang mit jiddischem Akzent eine Stelle aus der Szene vor, wo Tevka und Golde entdecken, daß sie sich wirklich liebten — nach fünfundzwanzig Jahren. Und nach zwanzig Jahren entdeckten Julie und ich das gleiche!

Julie lachte über meine Imitation einer jüdischen Mamma und erzählte mir dann von ihrer Beschäftigung mit Kirchenmusik.

„Ich singe in unserem Gemeindechor mit und dann noch in einem Trio und einem Spezialensemble. Bühnenerfahrung wie du besitze ich nicht, mit Ausnahme einiger Aufführungen in der Gemeinde anläßlich kirchlicher Feiertage. Die meiste Freude hat mir immer gemacht, wenn wir in die Altersheime gingen und die alten Leute mit unserm Singen aufmunterten."

Als wir eines Tages auf der Mall in Washington spazierengingen, nahm ich allen Mut zusammen und fragte Julie, wie sie über ihren leiblichen Vater dachte.

„Bob hat mir gesagt, was du ihm über meine Empfängnis erzählt hast", antwortete sie.

„Und wie stellst du dich dazu?" forschte ich weiter. Sie zögerte etwas, ehe sie sagte: „Drei Tage lang hatte ich wirklich große Probleme. Das hat mich zutiefst getroffen."

Ich wartete einen Moment, bevor ich wagte zu fragen: „Und was war nach diesen drei Tagen?"

Ich kam zu dem Schluß, daß Gott wollte, daß ich geboren wurde."

Schweigend gingen wir eine Weile weiter, währenddem ich nachdachte über das, was sie gesagt hatte. Schließlich bemerkte ich: „Es scheint, du verstehst, was Psalm 139 sagen will, nämlich daß Gott uns im Mutterleib geformt hat, ehe wir geboren wurden. Ich glaube, wir haben beide das gleiche Buch gelesen!"

„Ja, das stimmt! Die Bibel hat mich davon überzeugt, daß ich nicht ein Zufallsprodukt bin, sondern daß Gott mich für einen Zweck auf die Welt hat kommen lassen."

Ich erwiderte: „Und dazu gehört sicher, daß ich ihn kennenlernen sollte." Ich erzählte ihr auch etwas von der Freude, die ich erlebte, als sie in meinem Leibe heranwuchs; denn zur selben Zeit wuchs auch das Leben Christi in mir kräftig.

Irgendwie schien es ganz natürlich, daß Julie anfing, mich „Mom" und manchmal sogar „Oma" zu nennen, wenn sie zu ihrem Kinde sprach. Ich hielt Casey auf dem Arm, während wir vor dem Weißen Haus, das wir besichtigen wollten, Schlange standen. Da fragte mich eine freundliche Dame hinter mir: „Wer ist denn das herzige Kind?" Etwas verlegen antwortete ich: „Das ist... meine Enkeltochter." Als meine eigenen Worte an mein Ohr trafen, erschütterte mich die Realität dieser Worte. Es war wirklich so!

Am letzten Abend unseres Zusammenseins fragte Bob mich beim Essen: „Worin liegt denn nun der Sinn von alledem, Lee? Warum hat Gott das alles so gemacht?"

Ich spürte, daß Bob eine bestimmte Absicht verfolgte, und so versuchte ich gar nicht erst zu antworten, sondern fragte zurück: „Hast denn du eine Vorstellung?"

„Ich glaube nicht, daß Gott das alles so eingerichtet hat, um unsere Neugier zu befriedigen. Es muß etwas anderes bedeuten. Du hältst ja biblische Vorträge und bist Autorin. Ich frage mich, ob Gott das alles so geführt hat, weil er möchte, daß du darüber schreibst. Es kann sein, daß diese Geschichte Menschen Hoffnung gibt, wenn sie die Treue Gottes sehen."

„Sie ist ganz sicher eine Demonstration der Treue Gottes", pflichtete ich ihm bei. „Vielleicht will er tatsächlich, daß ich ein Buch darüber schreibe. Wir wollen abwarten und sehen. Jetzt möchte ich mich erst einfach freuen darüber."

Eine andere Frage war noch offen. „Julie, wie denken deine Eltern darüber, daß wir uns jetzt tatsächlich getroffen haben?"

„Ich glaube, sie haben überhaupt nichts dagegen einzuwenden", versicherte Julie. „Sie haben verstanden, daß du dich nicht in ihr Leben einmischen willst. Ich glaube, sie sind erleichtert und halten eine gute Beziehung zu dir durchaus für möglich."

Es war eine wundervolle Zeit zusammen gewesen, und unser Abschied ging nicht ohne Tränen ab. Als Bob und Julie mit ihrem Kind im Auto saßen, um die Heimreise anzutreten, fragte ich Julie noch: „Und wie soll es nun weitergehen?"

„Wir wollen miteinander in Verbindung bleiben und sehen, was geschieht", gab Julie zur Antwort. „Vielleicht ergibt es sich irgendwann, daß du meine Familie kennenlernst."

„Das würde mir viel bedeuten, wenn sie es gerne möchte."

Wir umarmten uns nochmals, und Hal und ich sahen ihnen nach, als sie die Hotelzufahrt hinausfuhren. Als ich Julie ein letztes Mal winken sah, flüsterte ich: „Danke, Herr, daß Du mich einen kurzen Blick auf *Deine* Seite des göttlichen Webmusters hast werfen lassen."

14. Kapitel

Friede für die Vergangenheit

Wir befanden uns beinahe zwei Flugstunden von Washington D. C. entfernt. Die Stewardessen sammelten die Eßtabletts ein und trafen Anstalten, das Bordkino laufen zu lassen. Hal neben mir war mit seinen Geschäftspapieren und mit seinem Diktaphon beschäftigt. Während ich durch das Fenster nach draußen schaute, glichen meine Gedanken einem Bienenschwarm. Ich hatte während der vergangenen Tage erlebt, daß ein „unmöglicher Traum" wahr geworden war. Ein Teil meiner Vergangenheit, den ich als abgeschlossen betrachtet hatte, war zurückgekehrt, doch nicht als furchteinflößendes Gespenst, sondern als Segen. Gott hatte den Webteppich umgedreht und mich einen Blick auf die fertige Seite werfen lassen.

Als ich so über meine Erfahrung nachsann, ging mir immer wieder ein Lied durch den Sinn, und zwar aus John Fischers Musical „The New Covenant" (Der neue Bund, d. Übers.). Ich hatte mir daraus einen Text eingeprägt, weil er mir soviel bedeutete:

Wir alle werden verletzt,
wir scheinen immer mit dem Gesicht nach unten
im Schmutz zu enden.
Und gejagt vom Schmerz,
lassen wir es einfach geschehen,
wieder verletzt zu werden.

Wir verschließen uns
gegenüber des Wahnsinns Bedeutung.
Wir verbergen uns lieber,
kaum je versuchen wir zu verstehn,
was des Schmerzes eigentlicher Sinn.

Doch wenn du eines wissen solltest:
Nur was schmerzt, läßt dich wachsen,
und der Schmerz, den du fühlst,
ist der erste Schritt zu deiner Heilung.

Aber eines mußt du tun:
nicht mehr auf dich selber sehn;
richt deine Augen auf den Herrn,
er macht aus Schmerz eine offene Tür.

Lag nicht hierin die Botschaft meiner Begegnung mit Julie? Wir alle tragen irgendwann in unserem Leben innere Verletzungen davon, und wir müssen wählen, ob wir einen göttlichen Sinn im „Wahnsinn", das heißt in dem, was wir nicht verstehen, erkennen wollen. Ein Rückblick auf mein eigenes geistliches Leben zeigte mir, daß ich mich wirklich nicht mehr mit Selbstmitleid betrachtet, sondern meine Augen auf Gott gerichtet hatte. Er hatte in der Tat meinen Schmerz zu einer offenen Tür zu lebendiger Gemeinschaft mit ihm werden lassen, und nun öffnete er Türen zu einem nützlichen Dienst für ihn.

Ich dachte an die Einladungen zum Sprechen, die ich für die nächsten Monate bekommen hatte. Ich dachte auch an die Freizeiten und an die Frauengruppen, wo ich sprechen sollte. Da war außerdem das tägliche Radioprogramm, das es zu machen galt. Jede meiner Zuhörerinnen litt ihren eigenen Schmerz. Vielleicht hatten sie keine Vergewaltigung ertragen und ein Kind zur Adoption weggeben müssen; aber viele könnten von viel tieferen Verletzungen und Enttäuschungen erzählen als ich. Sie erlitten vielleicht den Schmerz einer Scheidung oder einer chronischen Erkrankung, den Schmerz eines zurückgebliebenen Kindes, eines finanziellen Rückschlages oder den Schmerz der Zurückweisung durch einen Angehörigen oder Freund... wer könnte die ganze Liste aufzählen? Die einen wurden ein Opfer, andere hatten selber ihren Schmerz verursacht. Was von alledem, was ich gelernt hatte, könnte all diesen Menschen zur Ermutigung, zum Zuspruch gereichen?

Ich langte nach meiner Tasche, holte einen Notizblock und meine Bibel hervor und fing an, meine Gedanken niederzuschreiben. Oben auf eine leere Seite schrieb ich „Fehlende Teilchen". Ich hatte in Gedanken zurückgeschaut auf den schrecklichen Tag, als mir mein Leben wie ein kompliziertes Puzzle erschien, von dem ein paar wesentliche Teilchen fehlten. Ich hatte mich gefragt, ob Gott mir zeigen konnte, wie man das Puzzle wieder zusammenfügt.

Das Wunder meiner Begegnung mit Julie war, daß ein fehlendes Originalteilchen wieder an seinen richtigen Platz gekommen war. Doch nicht jeder ist so glücklich. Nicht jeder kann sagen, daß das gähnende Loch ausgefüllt wurde. Was könnte ich diesen Menschen sagen?

Ich könnte ihnen sagen, daß mein Leben vollständig war, *bevor* ich Julie sah. Gewiß, sie war eines der fehlenden Teilchen in meinem Leben gewesen, aber diese Lücke war schon vor meiner Begegnung mit ihr ausgefüllt worden. Welches Material hatte ich dazu verwendet? Ich notierte mir einige der hauptsächlichsten Dinge.

Nummer eins: *Übergabe*. Begonnen hatte alles mit dem Billy Graham-Evangelisationsfeldzug, wo ich Jesus Christus als meinen persönlichen Erlöser annahm. Zwar hatte ich damals im tiefsten Grunde noch zu wenig verstanden, worum es dabei ging, als ich mein Leben unter die Herrschaft Gottes stellte. So wie ich es jetzt sah, war es vergleichbar mit Soldaten im Kriege, die eine weiße Fahne schwenken, ihre Waffen wegwerfen und sich der Siegerseite ergeben. Das hatte ich auch tun müssen — mich Gott und seinen Zielen ergeben, so daß er die Puzzleteilchen meines Lebens zusammenfügen konnte.

Wir alle machen in unserem Leben Schwierigkeiten durch und müssen lernen, unsere „Unfair"-Proteste von uns zu werfen und uns zu lösen von unseren „Ich-verdiene-dies-nicht"-Gefühlen. Das gleiche müssen wir mit unserem Ärger und unserem Selbstmitleid tun. Das Ergebnis einer solchen Übergabe ist geistliches und seelisches Wachstum.

Nummer zwei: *Anvertrauen*. Indem ich mein Vergewaltigungserlebnis dem Herrn anvertraute, hatte ich damals noch keine Ahnung, daß ich auch ein in mir heranwachsendes Leben ihm mit anvertraute. Bald entdeckte ich, daß das Anvertrauen unserer Erfahrungen nicht gleichzeitig ihre Folgen beseitigt. Hingegen werden sie durch unser Anvertrauen dem göttlichen Computer eingegeben, der sie koordiniert und den göttlichen Zwecken dienstbar macht. Ich las im zweiten Timotheusbrief, Kapitel 1, Vers 12 die Worte von Paulus: „Ich lasse mich nicht unsicher machen, denn ich weiß, auf wen ich mich verlasse, und weiß, daß er stark genug ist, alles, was ich ihm *anvertraue*, zu bewahren..." (Übers. nach J. Zink).

Ich mußte wieder an meine Diskussion mit der Sozialarbeiterin zurückdenken. Ich hatte alles unternommen, um mein Kind in eine gläubige Familie zu geben, und hatte es dann Gott anvertraut. Er belohnte dieses Anvertrauen meines Kindes, indem er wirkte, wo ich nichts mehr tun konnte, damit er meine Gebete erhörte. Ich könnte die Menschen also dazu ermuntern, dem Herrn nicht nur einen Teil dessen anzuvertrauen, was sie an Schwerem erleben, sondern das ganze Puzzle ihres Lebens — ihre Finanzen, ihre Karriere, ihre Ehe, ihre Zukunft.

Nummer drei: *Vergebung*. Das karge Motelzimmer von damals war mir noch in lebhafter Erinnerung. Dort waren mir zwei Möglichkeiten bewußt geworden. Ich konnte mit gutem Grund all denen grollen, die mir wehgetan hatten, dabei aber innerlich zugrundegehen. Ich konnte aber auch Gott gehorchen und denen vergeben, die mir Schmerz zugefügt hatten, und Gott würde mir auch meine Sünden vergeben. Welch ein Friede hatte mich an jenem Morgen erfüllt, als ich all die angestaute Verbitterung fahren ließ. Zum erstenmal hatte ich ganz real die Freiheit einer ungehinderten Beziehung zu Gott erlebt. Gerade durch die Bereitschaft zum Vergeben kann der Herr „alle Dinge zum Besten dienen" lassen (Römer 8,28).

Nummer vier: Sich als *Verwalter* sehen. Jetzt hieß es nicht mehr: „Warum gerade ich, o Gott?" sondern: „Gott, Du hast mir das anvertraut?" Er hatte mir nicht mehr auferlegt, als ich ertragen konnte, sondern rüstete mich mit allem Notwendigen aus, um die Situation durchzustehen. *Was nicht geheilt werden kann, kann ertragen werden.* Wie bei Moses Mutter, wendete Gott auch meine Lage zu meinem Besten und zum Besten anderer. Als ich entdeckte, daß ich schwanger war, erkannte ich, daß Gott mir diese Lage anvertraut hatte, und ich wollte ihn nicht enttäuschen. Gott möchte uns *in* unseren Schwierigkeiten und *durch* unsere Schwierigkeiten Befreiung schenken, sie uns aber nicht ersparen.

Nummer fünf: *Danksagung*. Ich hatte die Tatsache akzeptiert, daß ich zum Verwalter über meine Umstände gesetzt worden war. Doch dadurch wurden sie nicht rosiger. Ich war immer noch schwanger. Ich mußte zu Onkel Howard wohnen gehen, und dies unter Bedingungen, die alles andere als ideal waren. Aber in dieser Situation hatte ich gelernt, daß es eine Menge gab, wofür ich dankbar sein konnte. Diese dankbare Einstellung half mir, besser mit meiner Lage fertigzuwerden. Jetzt konnte ich anstatt Schafe meine Segnungen zählen.

Nummer sechs: Sich bewußt werden, daß *Schmerzen nicht sinnlos* sind. Alles Unverständliche hat seinen Sinn und Zweck. Die Geburt meines Kindes vermittelte mir meinen ersten Blick auf die Absichten Gottes, die er mit meinen Schmerzen verfolgte. Joseph im Alten Testament hatte erkannt, daß Gott auch alle erfahrene Ungerechtigkeit gebrauchen kann, um sein Ziel zu verfolgen, und ähnlich wie er hatte auch ich es erlebt, daß in meiner Lage ein Segen verborgen lag. Ich schlug Lukas 11 auf und las: „Ist unter euch ein Vater, der seinem Sohn eine Schlange geben würde, wenn er um einen Fisch bittet? Oder einen Skorpion, wenn er um ein Ei bittet?" (Vers 11-12).

Es gab bei mir — wie bei vielen Christen — eine Zeit, da kam ich mir als Opfer vor und meinte, anstatt Fisch und Ei Schlangen und Skorpione bekommen zu haben. Darauf hatte ich mit einer ganz normalen Frage reagiert: „Warum, o Gott?" Doch mit der Zeit hatte ich eine bessere Frage gelernt: „Herr, ich weiß, Du hast eine bestimmte Absicht, wenn Du das zugelassen hast. Willst Du auch auf diesem Weg mit mir gehen?"

Das hatte auch Paulus getan, als er das Problem mit dem „Dorn im Fleisch" hatte. Dreimal hatte er zu Gott darum gebetet, diesen wegzunehmen. Doch dann lernte er, daß Gott einen Zweck damit verfolgte: erstens, damit er sich nicht selbst überhob und zweitens, damit die Kraft Gottes in der Schwachheit von Paulus offenbart wurde. Durch diese Erfahrung lernte Paulus eine wichtige Lektion, die ihm in vielen Lagen eine Hilfe wurde: „Weil er mir zu Hilfe kommt, freue ich mich über mein Leiden, über Mißhandlungen, Notlagen, Verfolgungen und Schwierigkeiten. Denn gerade wenn ich schwach bin, bin ich stark" (2. Kor. 12,10).

Das Leben ist nicht einfach. Im Gegenteil, heute ist es außerordentlich kompliziert, und ich möchte in keiner Weise die Schmerzen und die Ungerechtigkeiten verniedlichen, unter denen die Menschen leiden. Mir wurde damals auch klar, daß es keine Sofort-Antworten gibt. Meine brauchte über zwanzig Jahre. Doch schon bevor wir die Antwort auf jedes Warum wissen, können wir trotz allen noch fehlenden Teilchen in unserem Lebenspuzzle den Frieden Gottes haben — Frieden für unsere Vergangenheit.

Als ich meine Notizen noch einmal durchging, wurde mir bewußt, daß manche Leute hier sicher einwenden würden, sie seien doch keine Opfer. Dabei kam mir eine Frau in den Sinn, die im Verlaufe einer seelsorgerlichen Aussprache protestiert hatte: „Ich leide, weil ich es mir selber zuzuschreiben habe. Ich bin keineswegs ein Opfer. Meine Probleme sind durch meine eigene Schuld entstanden."

Darauf hatte ich erwidert: „Aber es kommt auf das Ergebnis an. Wenn Sie sich Gott ausliefern, wird er Ihnen trotz Ihrer Fehler beistehen. Kein Fehler, den Sie machen, kann so groß sein, daß Gott frustriert ist und ausruft: ,Oh nein, damit kann ich nichts anfangen!' Es gibt nichts in Ihrer Vergangenheit, aus dem Gott nicht etwas machen kann. Er will sogar unschöne Erfahrungen in sein göttliches Muster mit hineinweben, um seinen Plan für Ihr Leben auszuführen. Wenn wir uns Gott übergeben, brauchen wir uns nicht mehr mit unserer Schuld abzuquälen und uns unserer armseligen Fehlentscheidungen zu schämen. Ich kenne gläubige Freunde, die Buße getan haben über außereheliche Beziehungen, über absichtlichen Ungehorsam, über eine Abtreibung... über alle möglichen Irrungen. Jetzt führen sie ein Siegesleben."

Während der Flugkapitän mit dem Landeanflug auf den Flughafen von Los Angeles begann, sprach ich mit Hal über meine neue Botschaft. Er sagte dazu: „Weißt du, es ist kristallklar, wer der Held dieser Geschichte ist — weder du noch Julie. Es gibt nur einen, der diese ganze Geschichte in Ordnung bringen konnte. Es ist Gott."

„Bob hatte wirklich recht", sagte ich. „Diese Wiedervereinigung war nicht nur um unsertwillen. Wir müssen dieses Zeugnis von der Treue und Macht Gottes weitererzählen, damit andere dadurch Mut bekommen. Beim Ausarbeiten meiner Predigtbotschaft ist mir klargeworden, daß ich diese

Geschichte aufschreiben muß. Vielleicht kann ich dadurch andere dazu ermutigen, ihre Sorgen nicht zu verschwenden, sondern sie vom Herrn in Segnungen umwandeln zu lassen."

In gewissem Sinne war ich versucht zu glauben, daß jetzt alles an seinem richtigen Platz in meinem Leben lag. Doch das stimmte eigentlich nicht. Es gab immer noch viele ungelöste Fragen — fehlende Puzzleteilchen. Ich hatte zum Beispiel Julies Eltern noch nicht kennengelernt. Was waren ihre wirklichen Gefühle? Meine Töchter hatten lange gebraucht, um Julie zu akzeptieren, aber es war noch nicht zu einer Begegnung zwischen ihnen gekommen. Sie brauchten noch mehr Zeit, um sich an diesen Gedanken zu gewöhnen. Noch nicht alles entsprach dem Aschenbrödelstil. In gewisser Beziehung war ich froh, nicht die Zukunft zu kennen; denn ich würde sie entweder herbeisehnen oder vor ihr zurückschrecken.

Ich erinnerte mich an den Vers aus dem 5. Buch Mose, wo es heißt: „Was verborgen ist, ist des Herrn, unseres Gottes; was aber offenbart ist, das gilt uns..." (29,28). Manche Aspekte meiner Erfahrung waren noch ein Geheimnis, aber ein paar Dinge hatte Gott mir durch die erlittenen Schmerzen offenbart. Sie waren nicht über Nacht gekommen. Sie waren auch nicht zu vergleichen mit Sofort-Kaffee oder Sofort-Pudding oder einem Bancomat. Wir sind so gewöhnt, mit dem Finger zu schnippen und die richtige Zahlenkombination einzustellen und wupp! die Sache ist klar und gemacht. Aber unsere „Rezepte" funktionieren in göttlichen Dingen oft nicht. Darum versorgt Gott uns mit *inneren* Antworten, auch wenn unsere *äußeren* Fragen bleiben. Wer sich von ihm überwinden läßt, den kann er zu einem Überwinder machen, und wer Narben trägt, den kann er zum Segen für andere machen. Meine einstigen Wunden waren jetzt Narben, denn die Wunden der Vergangenheit waren geheilt. Doch der Trost, den der Herr mir gegeben hat, ist das, was ich mit anderen Menschen teilen soll.

Als das Flugzeug auf der Landebahn aufsetzte, mußte ich wieder an den Chorus denken: „Er macht alles fein zu seiner Zeit." Für Gott war es genau die richtige Zeit gewesen, das fehlende Teilchen zu mir zurückzubringen. Und nun wußte ich besser als je zuvor, daß Gott in jedem Leben den Schmerz in Segen verwandeln kann. Er will uns Frieden geben für unsere Vergangenheit.

Lee Ezell

„Keep cool"

Tips für gestreßte Eltern

200 Seiten, Pb
Best.-Nr. 307104
DM / sfr 19,80, öS 155,–

Praktisch und biblisch ausgerichtet –
und keine Spur frömmlerisch – geschrieben.
Es erinnert uns daran, daß wir in unserer
Elternfunktion nicht allein gelassen sind. Wir teilen
die Aufgabe mit einem zuverlässigen und
liebevollen himmlischen Vater, der gleichzeitig der
große Arzt ist. Und im tiefsten Grund ist er selber
das Heilmittel für all unseren Elternschmerz.

Zu beziehen in Ihrer Buchhandlung oder bei:

Dynamis Verlag

Brückenstraße 22
Postfach 256
CH-8280 Kreuzlingen

Telefon 0 72 / 72 77 81
Telefax 0 72 / 72 77 84

Asaph

Buch- und Musikvertrieb GmbH
Postfach 2889
D-58478 Lüdenscheid

Telefon 0 23 51 / 63 41 52
Telefax 0 23 51 / 63 41 54